བར་དོ་ཐོས་གྲོལ་ཆེན་མོ།།

TYBETAŃSKA KSIĘGA UMARŁYCH

བར་དོ་ཐོས་གྲོལ་ཆེན་མོ་།།

Wielkie wyzwolenie z bar-do przez słuchanie

Przełożył i opracował:
Ireneusz Kania

Wydawnictwo A

ཨ

Tytuł oryginału tybetańskiego:

བར་དོ་ཐོས་གྲོལ་ཆེན་མོ།།

Bar-do t‘os-grol cz‘en-mo
(Wielkie wyzwolenie z bar-do przez słuchanie)

Wydanie IX, 2013

Przełożył i opracował:
Ireneusz Kania

Redaktor serii:
Cezary Woźniak

Opracowanie typograficzne:
Dariusz Szlajnda

ISBN 978-83-89978-42-4

Wydawnictwo A
tel. 787-735828
e-mail: A@awyd.pl

Księgarnia internetowa:
www.awyd.pl

SPIS TREŚCI

W s t ę p

Tybetańska Księga Umarłych — sensy i konteksty

Pierwsza wersja przekładu *Bar-do T'os-grol* (odtąd w skrócie: *BTG*[1]), czyli *Tybetańskiej Księgi Umarłych* (w skrócie: *TKU*) spotkała się — jak można było oczekiwać — z dużym zainteresowaniem Czytelników[2]. Dochodziły mnie wszakże głosy, iż towarzyszący przekładowi komentarz jest zbyt szczupły i daje tylko bardzo ogólny pogląd na *TKU*, oraz że niedostatek ten należałoby przy najbliższej okazji wyrównać.

Sposobność ku temu nastręcza się obecnie. Starając się uwzględnić życzenia Czytelników, niniejszą edycję *TKU* opatruję obszerniejszym wstępem, w którym usiłuję zarysować ogólne tło kulturowe i filozoficzne *Księgi*. Przekład — zmodyfikowany tylko w szczegółach — uzupełniam też trzema dodatkami. Pierwszy zawiera wielce interesujący tekst, ściśle związany z „cyklem bar-do", a traktujący o identyfikacji i interpretacji rozmaitych oznak zapowiadających śmierć, drugi — biografię „odkrywcy" (a raczej domniemanego autora) tekstów bar-do, tybetańskiego jogina z XIV wieku, Kar-ma gling-py. W trzecim Dodatku Czytelnik znajdzie słynny komentarz psychologiczny C.G. Junga do *TKU*, będący do dziś klasyczną zachodnią wykładnią *Bar-do T'os-grol*.

Dwa pierwsze z tych tekstów nie były dotychczas, o ile mi wiadomo, przekładane na żaden język europejski. Trzeci, już podczas przygotowywania tej książki, ukazał się w przekładzie polskim W. Chełmińskiego w tomie: C.G. Jung, *Podróż na Wschód*, Wyd. Pusty Obłok, Warszawa 1989.

Recepcja *TKU* na Zachodzie

Gdy w 1927 roku ukazał się z Londynie pierwszy przekład *TKU* na język europejski[3], pewne kręgi intelektualne za Zachodzie były już poniekąd przygotowane do przyjęcia tego rodzaju literatury. Od jakichś stu lat w Europie rozwijały się dynamicznie studia nad buddyzmem oraz tybetologia[4]. Towarzystwo Teozofizyczne pod przewodem słynnej pani Bławackiej propagowało „tajemną mądrość lamów", przyczyniając się walnie do rozbudzenia i utrwalenia mody na Tybet. Nie przypadkiem inicjatorem i współautorem przekładu *TKU* był dr Evans-Wentz, sam wybitny teozof.

Mimo to opublikowanie angielskiego przekładu *Księgi* wzbudziło zaskakująco szeroki i żywy oddźwięk, zwłaszcza w USA i Anglii. W niniejszym szkicu nie sposób, rzecz jasna, szczegółowo analizować przyczyny i okoliczności tego sukcesu, temat to bowiem bardzo obszerny. Niektóre z nich celnie punktuje w swoim eseju C.G. Jung (p. *Dodatek III*).

Natychmiast po pierwszym wydaniu posypała się lawina reedycji i tłumaczeń na inne języki europejskie. Sporządzano je — niestety — w oparciu o ów pierwszy przekład angielski, co z konieczności prowadziło do poważnych zniekształceń wszystkich warstw treściowych *Księgi*, tym bardziej że wersja Evans-Wentza nie jest wolna od istotnych niedociągnięć. Takich wtórnych przekładów ukazało się po wybuchu wojny chyba kilkanaście — na niemiecki, szwedzki, czeski itd. Ukazują się zresztą nadal na całym świecie.

Jeżeli idzie o tłumaczenia *TKU* wprost z tybetańskiego oryginału, to jest ich stosunkowo niewiele: trzy angielskie, jedno niemieckie (dopiero z 1977 roku!), jedno włoskie (z 1949 roku, bodaj najlepsze, sporządził je bowiem sam sławny G. Tucci), jedno węgierskie, jedno czeskie oraz nasze, polskie[5]. Istniał też inny przekład czeski pióra znanego orientalisty Pavla Pouchy, niestety, nie wiadomo, czy kompletny. Nie został opublikowany i obecne jego losy są nieznane[6].

W rezultacie nie słabnącego sukcesu wydawniczego — na świecie wciąż ukazują się reedycje — *Księga* stała się chyba jednym z najbardziej znanych na Zachodzie tekstów orientalnych, a z pewnością najbardziej znanym utworem piśmiennictwa tybetańskiego. Zwłaszcza w ostatnich latach jesteśmy świadkami wzmożonego zainteresowania *Księgą*, przybierającego wręcz charakter mody. W dużym stopniu wiąże się ona z głośną przed paroma laty książką R. Moody'ego *Life after Life* (*Życie po życiu* w polskim przekładzie), w której autor zebrał relacje z przeżyć ludzi odratowanych ze stanu śmierci klinicznej. Wykazują one w wielu punktach uderzające zbieżności z opisywanymi w *TKU* doświadczeniami człowieka wędrującego w bar-do, czyli buddyjskiej „przestrzeni pośmiertnej".

Jest zrozumiałe, że wszelkim modom, również intelektualnym i religijnym, towarzyszyć zwykły rozmaite zjawiska negatywne, które muszą budzić mieszane uczucia. Moda to jednak fakt społeczny i jako taki na pewno zasługuje na uwagę socjologów, religioznawców, psychologów itd. Jego analiza wykracza jednak poza ramy niniejszego szkicu.

Bar-do jako przestrzeń albo sytuacja graniczna

Zajmijmy się teraz głównym przedmiotem *TKU*.

Tybetańskie słowo *bar-do* (lub *bar-ma-do*) znaczy „to, co jest pomiędzy dwoma", „przestrzeń pośrednia", i w literaturze tybetańskiego buddyzmu pełni rolę odpowiednika sanskryckiego terminu *antarabhawa* („międzybyt"). Termin „przestrzeń" ma zresztą w *TKU* charakter techniczny, oznacza „przestrzeń wewnętrzną", zsubiektywizowaną, psychiczną; może też należałoby tu raczej mówić o „sytuacji pośredniej". Dotyczy ona człowieka, który rozstaje się z tym życiem, a nie wszedł jeszcze w nową formę istnienia. Staje przed nim otworem sześć sfer samsary (bytu), w których może się odrodzić, ale najpierw — w samym momencie śmierci — dana mu jest możliwość ostatecznego uwolnienia się od kołowrotu egzystencji, czyli możliwość nirwany (stopienie się z „główną światłością bar-do", dharmakają). To, gdzie się w końcu znajdzie, zależy w dużej mierze od jego „zaprogramowania karmicznego", lecz również od własnego wyboru, ten zaś zdeterminowany jest przez próby inicjacyjne, które polegają na rozpoznawaniu właściwej istoty pojawiających się przed nim „gniewnych" i „spokojnych" bóstw tantrycznych oraz światłości. *TKU* poucza, że te zjawy naprawdę nie są straszne ani groźne, nie przysługuje im bowiem obiektywne (realne) istnienie; są to tylko emanacje umysłu wędrującego w bar-do ducha człowieka, wytwory jego własnej jaźni. C.G. Jung rozpoznał w nich archetypowe symbole rozmaitych treści podświadomości indywidualnej i zbiorowej (p. *Dodatek III*).

Już w bardzo wczesnej epoce buddyzmu (w jakieś 100, 150 lat po śmierci Nauczyciela) zagadnienie pośmiertnego bytu człowieka mocno zajęło wspólnotę mnichów, tym bardziej że — jak twierdzi buddyjska tradycja — sam Gautama Budda o tych sprawach nie nauczał.

Czy „stan pośredni" istnieje, czy też nie? Jeśli tak, to jak długo trwa? Czy jest on pomocą, czy też przeszkodą na drodze do wyzwolenia?

Odpowiedzi były rozmaite i głęboko podzieliły Sanghę. Niektórzy badacze uważają nawet, że ta kontrowersja przyczyniła się znacznie do powstania sekt wczesnobuddyjskich (tradycyjnie wymienia się ich osiemnaście, ale przynajmniej z nazw znamy ich około trzydziestu).

Jedni twierdzili, że po śmierci momentalnie następują ponowne narodziny, inni przyjmowali stan pośredni trwający nawet 49 dni, podczas których „dojrzewa" powoli nowe wcielenie. „W pewnych wypadkach osoby szczególnie świątobliwe wykorzystują ten okres przejściowy do osiągnięcia nirwany, której nie zdołały osiągnąć za życia"[7]. Ostatecznie pięć sekt (m.in. *mahiśasaka*) miało odrzucić hipotezę „międzybytu", pięć innych zaś (m.in. *watsiputrija* i *sammitija*) wypowiedziało się za jego istnieniem.

Filozoficzną podstawą koncepcji bar-do jest buddyjska teoria *dharm*. Zgodnie z dynamistyczną ontologią tej religii, przypominającą poglądy Heraklita (i współczesnej fizyki), w świecie nie istnieje nic stałego, niezmiennego. Nawet z pozoru trwałe elementy rzeczywistości (dharmy) to tylko nieskończony ciąg, potok wzajem warunkujących się zdarzeń, powstających i ginących momentalnie. Poszczególne zdarzenia jednak przedzielają jakby nieuchwytnie krótkie „punkty" czasowe, w których przygotowuje się nowa sytuacja ontyczna; to jest właśnie ów tajemniczy „międzybyt". Odniesiony do makroskali, legł on u podstaw koncepcji bar-do jako sytuacji granicznej pomiędzy dwoma osobniczymi egzystencjami[8]. Ba, w sensie szerszym, potocznym, słowem bar-do określa się dziś w Tybecie wręcz naszą aktualną egzystencję, gdyż jest ona tylko „momentem" między żywotem poprzednim i przyszłym (por. J. Kolmaš we wstępie do czeskiego przekładu *TKU*, s. 13 — patrz przypis 6).

Sytuacja śmierci (rozszerzona o wędrówkę w bar-do) jawi się więc w *TKU* jako szczególna, wyróżniona ze względu na możliwość uzyskania pełni Prawdy Ostatecznej, *eo ipso* zbawienia. Jest to motyw wspólny wielu religiom, również chrześcijaństwu[9]; w kręgu kulturowym indyjskim spotykamy go np. w *Katha-Upaniszadzie* (II, 3). Nacziketas chce wiedzieć to, co najciekawsze — „czy po śmierci człowiek jest, czy nie jest", i po wiedzę tę udaje się nie do bogów świetlistych, niebiańskich, lecz do Pana Śmierci, Jamy (który zresztą udziela mu jej niechętnie).

Śmierć jest to więc sytuacja graniczna, „zawieszenie" pomiędzy dwiema fazami bytu, moment, w którym różnorakie determinanty i ograniczenia tegoż bytu również ulegają jakby zawieszeniu, a w każdym razie słabną — na tyle, że mamy wreszcie możliwość naprawdę swobodnego wyboru. Albowiem śmierć to sytuacja wolności — pełnej wolności. „W śmierci otwiera się możliwość pierwszego w pełni osobowego aktu człowieka; tym samym jest ona bytowo uprzywilejowanym miejscem świadomego stawania się, wolności" — te słowa chrześcijańskiego teologa dokładnie opisują również położenie buddysty, który znalazł się w bar-do[10].

Kto (co) naprawdę wędruje w bar-do?

Ideą przewodnika *TKU* jest wyzwolenie — od cierpienia oczywiście, będącego zgodnie z doktryną buddyzmu powszechną, „obiektywną" kondycją świata; tak właśnie ta religia pojmuje zbawienie. Skoro jednak wedle tejże samej doktryny nie istnieje trwałe *ego* ani wieczna dusza osobowa — to kim naprawdę (albo: czym) jest *bar-do-pa* („istota w bar-do") wędrujący po owej smętnej „krainie pośredniej" i — w razie nieuzyskania ostatecznego wyzwolenia — muszący przyjmować nowy byt osobowy? Kto właściwie dostępuje wyzwolenia?

Dotykamy tutaj jednego z najważniejszych, ale też najtrudniejszych i najbardziej niejasnych zagadnień buddyjskiej filozofii — kwestii „duszy" osobowej i jej statusu ontologicznego. Nie rozstrzygniemy go w sposób jednoznaczny (bo i po co? — spytałby buddysta, mało zainteresowany dociekaniami metafizycznymi), spróbujemy jednak zarysować przynajmniej ogólny *status quaestionis*, również w perspektywie diachronicznej.

Czytelnik zauważył, że dotąd dość niefrasobliwie używałem słowa „człowiek" na oznaczenie „istoty w bar-do". Na pytanie, czym ona jest, odpowiedzi spotkamy rozmaite. *Bar-do-pa* to:

— „ciało umysłowe" (*jid-kji lus*), „duch" (*sems*), „umysł" (*rig-pa, blo*), „świadomość subtelna" (*rnam-szes p'ra-mo*) — oto określenia występujące w tekście *TKU*;

— „świadomość", a nawet „dusza" — mówi bez wahania C.G. Jung (ku zgorszeniu niektórych buddyjskich neofitów, jak ognia wystrzegających się wszelkich terminów obciążonych tradycyjnymi treściami europejskich systemów filozoficznych i religijnych). Terminu „dusza" używał również wielki znawca therawady, zresztą sam buddysta, G. Grimm[11], używający słowa sanskryckiego *dżiwa* (dusza).

W najstarszych tekstach buddyjskich (*Tripitaka*) na określenie owego tajemniczego, osobowego, a przecież ponadindywidualnego (bo wędrującego przez łańcuch wcieleń) pierwiastka używano kilku terminów. Jednym z najważniejszych z nich jest *pudgala* (tyb. *gang-zag*). W kontekście nauki Buddy i nietrwałości (skr. *anitjawada*) i niesubstancjalności wszystkiego (*nairatmjawada*, *śunjawada*) wnet po śmierci Nauczyciela pojęcie to stało się przedmiotem zajadłych kontrowersji w łonie Sanghi buddyjskiej; w końcu doprowadziły one do schizm. Spory dotyczyły również losów człowieka po śmierci i kwestii, czy istnieje „byt pośredni".

Można sądzić, że wszystko zaczęło się od słynnej przypowieści Buddy o brzemieniu i tragarzu[12]. Porównał on w niej całość psychofizycznej, empirycznej osobowości człowieka, złożonej z pięciu skandh (zespołów funkcjonalno-sensorycznych) do brzemienia, pudgalę zaś — do tragarza, który to brzemię podejmuje, niesie przez jakiś czas, po czym składa, aby podjąć nowe, itd.

(Znana jest jednak również z kanonu palijskiego inna przypowieść — o wędrownym mnichu Waczczhagotta, który kilkakroć pytał Wzniosłego o to, czy „ja" istnieje, czy też może nie — i nie uzyskał żadnej odpowiedzi. W tym miejscu godzi się podkreślić, że Budda roztrząsanie tego rodzaju problemów uważał za niepotrzebne teoretyzowanie.)

W owym pudgali zatem (słowo to przejęte zostało, jak się zdaje, od dżinistów, dla których znaczyło „materia") część uczniów Buddy dopatrzyła się obdarzonej trwałym bytem duszy; inni zanegowali taką interpretację broniąc nauki o nietrwałości wszechrzeczy (*anitjawada*). Jeszcze inni usiłowali wypracować stanowisko pośrednie. I tak, sautrantikowie przyjmowali, że pudgala to wieczna, wszechprzenikająca dusza; watsiputrijowie twierdzili, że dusza, pudgala, jest osobą obdarzoną indywidualną, niezależną egzystencją, choć nie można orzec, czy jest ona czymś całkowicie różnym od elementów życia osobowego (*skandha*), czy też tożsamym z nimi. Tak czy inaczej, nie można jej istnienia negować — dowodzili watsiputrijowie — tam bowiem, gdzie jest działanie, musi też być sprawca działania. Sekta sammitijów uznawała istnienie pudgali odrębnego od skandh, od których mógł być różny albo nie; nie można było o nim powiedzieć, że jest przemijający tak jak skandhy (gdyż jest ich „tragarzem"), ani że jest wieczny (gdyż składa się z ulegających rozpadowi elementów)[13].

Pomimo tych subtelnych raczej różnic wśród pudgalawadinów („głoszących istnienie pudgali") dochodzą oni jednak w końcu do wspólnej jego koncepcji jako trwałego pierwiastka duchowego, będącego podmiotem transmigracji. E Conze w swojej znakomitej historii buddyzmu pisze: „Personaliści (tj. pudgalawadinowie — I.K.) [...] nauczali, że osoba (tj. pudgala) jest ostateczną rzeczywistością, która w ciągu wielu żywotów — aż do osiągnięcia stanu buddy — stanowi wspólny czynnik albo łącznik pomiędzy następującymi po sobie procesami, jakie zachodzą w tożsamym z sobą osobniku"[14].

Tak więc wcześnie ową tajemniczą „osobę", „jaźń", czyli pudgalę, zaczęto utożsamiać z najwyższą, ponadosobową rzeczywistością, z jakimś „bytem" — o cechach umysłu, świadomości. Z wielu miejsc w *Tripitace* da się wywnioskować, że sam Budda przyjmował istnienie takiego bytu, nie określając wszakże pozytywnie jego natury, mówiąc zaś jedynie, czym on nie jest. Jak widzieliśmy wyżej, wyręczyli go w tym jego uczniowie i komentatorzy, grupujący się w rozmaite szkoły i sekty i używający różnych „nadzwyczaj niejasnych i niezrozumiałych formuł" — jak pisze G. Grimm[15]. Na przykład owym trwałym pierwiastkiem-podmiotem transmigracji i wyzwolenia, tożsamym istotowo z najwyższą rzeczywistością i odpowiadającym pudgali „personalistów" — było dla therawadinów „podświadome *continuum* życiowe" (skr. *bhawanga*, *santana*), dla sautrantików — „hipersubtelna świadomość", dla mahasanghików — „świadomość rdzenna". Mahajana (Wasubandhu ze szkoły jogaczara, II, może IV wiek) wypracowała szeroko obecnie znaną koncepcję „świadomości magazynującej" (*alajawidźniana*). Oznacza ona, jak można sądzić, najgłębsze złoża nieświadomego (*das Unbewußte* w terminologii C.G. Junga), zawierające „osady karmiczne", „zalążki", „kiełki" (skr. *bidźa*) treści psychicznych z poprzednich egzystencji, aktualizujące się („dojrzewające") w obecnym naszym istnieniu lub przekazywane następnej jego formie. Późniejsi myśliciele buddyjscy ze szkół madhjamaka i jogaczara — Nagardżuna, Asanga, Wasubandhu, Dharmakirti, Majtrejanatha i inni — rozwijając genialną koncepcję Buddy „uzależnionego powstawania" (*pratitjasamutpada*), wypracowali teorię „pustki ontologicznej" (*śunjawada*, *nairatmjawada*) głoszącą, że żaden element świata nie posiada bytu autonomicznego, pozytywnego, owszem, że każdy z nich istnieje wprawdzie, ale tylko ze względu na coś innego („w opozycji"), jako przemijający element serii zdarzeń dziejących się i zanikających bezustannie[16]. Ten sposób istnienia rzeczy (dharm) uznano za ostateczną ich istotę; otrzymała ona miano śunjata (pustość)[16a]. I oto stała się rzecz nieoczekiwana: doszło do nałożenia się na siebie obu nurtów spekulacji[17] (*pudgalawada* i *śunjawada*), w konsekwencji czego przypisano pudgali (jaźni, umysłowi, świadomości) naturę tejże śunjaty, czyli pustki! Jest to okoliczność kapitalnej wagi dla całej filozofii buddyjskiej, doskonale zresztą odbijająca się w tekście *TKU*, gdzie w wielu miejscach poucza się zmarłego, że jego świadomość jest współistotna z pustką, dharmakają, tathatą. Najistotniejsza tej sytuacji konsekwencja filozoficzna polega na tym, że skutkiem owego utożsamienia pustka, oznaczająca pierwotnie sposób istnienia rzeczy, uzyskuje cechy swoistej substancji w rozumieniu zgoła arystotelesowskim, jako substratu i matrycy kreującej wszystko, co istnieje. „Natura rzeczy", pojęcie operacyjne, stało się „bytem rzeczy". Zaszło tu więc coś na kształt pomieszania atrybutu z substancją (który to błąd przypisywał Arystoteles Parmenidesowi), zasada funkcjonalna przekształciła się w ontologiczną. Było to dziełem szkół madhjamaka i jogaczara.

Tak tedy w ich ujęciu świadomość nabiera cech Absolutu — niezniszczalnego, głębokiego, tajemniczego, nie mającego nic wspólnego z myśleniem wszechpodłoża. Ta „czysta świadomość" (*rig-rdzen* w *TKU*) nie potrzebuje, aby istnieć, ani duchowego, ani cielesnego oparcia, jest Rzeczywistością nieuwarunkowaną, *impraedicabile*, stojącą poza dwunastoczłonowym łańcuchem „uwarunkowanego powstawania" (*pratitjasamutpada*). To ona jest ową „ciągłością" (tyb. *rgjun*, skr. *santana*) wędrującą przez łańcuch wcieleń, by na koniec dostąpić wejścia w nirwanę.

Na pierwszy rzut oka może się wydawać, że mamy tu do czynienia z jaskrawą sprzecznością w systemie myśli buddyjskiej. Jaki jest naprawdę status tej jaźni = pustki, skoro ontologia buddyzmu zaprzecza, jakoby istniało coś na kształt arystotelesowskiej substancji, ale z drugiej strony ową dwójnię wyposaża w istotne atrybuty właśnie substancji (niezniszczalność, niezmienność, moc kreatywna)? Byłbyż to — mocą paradoksu — jakiś „byt nie-istniejący" albo „niebyt istniejący"?

Arystoteles, odpierając argumenty eleatów, zapytywał: „...dlaczego substancja oznacza raczej coś, co istnieje, niż coś, co nie istnieje?"[18]. Otóż to... Naszkicowane powyżej koncepcje mahajany są jakby odpowiedzią na to zuchwałe pytanie Stagiryty; pustka = jaźń = umysł zdaje się taką „nie-istniejącą substancją". To paradoks, zgoda, ale pamiętajmy, że wedle madhjamików rzeczywistość jest transcendentna wobec logiki „czterech kategorii" opisującej wszelkie możliwe *modi* bytu, i że sposób istnienia rzeczywistości można próbować zwerbalizować tylko uciekając się do paradoksu. Dobrze wiedzą o tym mistycy i poeci.

Wracam do głównego wątku tych wywodów, aby je podsumować stwierdzeniem E. Conze'a ważnym dla dalszych naszych rozważań: „Zachodzi ścisła analogia pomiędzy pudgalą a »takością« (*tathata*) lub »pustką« (*śunjata*) madhjamików. Natomiast »świadomość magazynująca« (*alajawidżniana*) jogaczarów pełniła liczne funkcje przypisywane pudgali przez personalistów"[19].

Już z tego, co powiedziano wyżej, widać, że problematyka jaźni (ducha osobowego), ściśle związana z *TKU*, jest w buddyzmie mahajanistycznym bardzo złożona i bogata, obejmuje liczne wątki. Jednym z nich jest przypisanie duchowi — poprzez śunjatę, mającą naturę „nieobjętego, świetlistego przestworu nieba" — natury światła. Uczynił to już Wasubandhu, który — jak pisze prof. Eva M. Dargyay — w III rozdziale *Abhidharmakośi*, dowodząc możliwości istnienia „stanu pośredniego", „...przyrównał wiązkę rozpadających się w chwili śmierci składników bytu do promienia świetlnego, który wybiega z jednego punktu kierując się ku oddalonemu celowi, porównywalnemu z nową egzystencją"[20]. Prof. Dargyay kontynuuje: „Dla *BTG* charakterystyczne jest również wyobrażenie, iż duch w swojej właściwej istocie ma naturę światła (*lichthaft ist*), owszem, sam jest światłem. [...] Podobnie jak światło, duch umożliwia poznawanie otoczenia, sam pozostając niewidzialny"[21].

Intuicja, że duch ma naturę światła, jest bardzo dawna, do dziś zresztą żywotna (por. koncepcje prof. Sedlaka!). W odniesieniu do filozofii buddyjskiej jest to — heurystycznie — myśl bardzo celna, pozwala bowiem (drogą analogii, rzecz jasna) wytłumaczyć jeden z najtrudniejszych w buddyzmie problemów, mianowicie prawo karmana („dziedziczenie" skutków czynów, predyspozycji psychicznych itp. z poprzednich egzystencji)[22]. Jest to jednak koncepcja dość wyrafinowana i w zestawieniu z nią zaskakujący może się wydać fakt, że bar-do-pa, błądzący w „przestrzeni pośredniej" bohater *TKU*, bynajmniej nie wykazuje cech niematerialnego, odpersonalizowanego ducha. Owszem, lama-instruktor uświadamia mu, że dysponuje on „ciałem subtelnym", obdarzonym wszelkimi władzami ciała normalnego — ba, nawet zwielokrotnionymi, gdyż bar-do-pa nadal dźwiga całe osobnicze wyposażenie wolitywne, intelektualne, afektywne: odczuwa tęsknotę za bliskimi, strach, gniew, nienawiść, przywiązanie do zostawionych majętności i stron rodzinnych, smutek, ból. Nadal jest osobą, podlegającą uwarunkowaniom — zwłaszcza emocjonalnym — podobnym jak za życia. Rzecz w tym, iż aby osiągnąć wyzwolenie, musi pozbyć się tego bagażu osobowego, oderwać się od przywiązań światowych, poddając się świadomej, swoistej „autokenozie", zanegować siebie jako wolę bytu (Schopenhauer). To warunek rozpoznania dharmakaji. Jeżeli ten wyczyn się nie powiedzie, umarłego czeka dalsza wędrówka, odtąd już ciągle w dół, ku ponownym narodzinom. Jest ona odwrotnością dążenia ku dharmakaji — w tym sensie, że o ile poprzedni etap postulował „ogołacanie się" ducha z elementów osobowości empirycznej (aby rozpoznać się jako współistotny z najwyższym blaskiem dharmaty), o tyle teraz, w miarę posuwania się w dół, w coraz gęstszą ciemność, „ku bramom łona", duch obrasta w coraz „grubsze" elementy osobowe — głównie emocje, i to negatywne, jak żądza, nienawiść, lęk. To dążenie ku narodzinom ma więc wszelkie znamiona Upadku[23]. (Zbyteczne jest podkreślać, jak bardzo przypomina to idee gnostyków i hermetyków).

Konkludując: na pytanie „kto (co) wędruje w bar-do" możemy odpowiedzieć, że struktura i funkcjonowanie owej istoty do złudzenia przypomina poczciwą, aż nazbyt antropomorficzną duszę innych religii, w tym monoteistycznych. Ta okoliczność chyba sprawiła, że C.G. Jung, który wszak bardzo dobrze (choć religioznawcą nie był) wniknął w fundamentalne idee buddyzmu, z całym spokojem używał w tym kontekście terminu „dusza" (*Seele*). Wbrew pozorom nie jest to żadna herezja na gruncie buddyzmu. Śakjamuni nie negował istnienia duszy (w sensie Jungowskim właśnie — jako części psyche), tak jak nie zaprzeczał istnieniu osoby empirycznej. Zaprzeczał tylko, jakoby były to istności autonomiczne i niezniszczalne.

Natomiast stopienie się wędrującego po bar-do „umysłu" z dharmakają (światłością główną) morfologicznie nie różni się niczym od wyzwolenia, jakie znamy z *Upaniszad*, czyli rozpłynięcia się Atmana w Brahmanie.

Tym sposobem soteriologia buddyjska, oderwawszy się zrazu od idei hinduizmu, zatoczyła niejako krąg, aby wrócić do punktu wyjścia.

Antropologia *Tybetańskiej Księgi Umarłych*

Jak więc widać, *TKU* jest nie tylko tekstem religijnym, rytualnym; niesie ona również ważkie treści filozoficzne. Szczególnie wyraziście zarysowana jest w niej buddyjska filozofia człowieka. Ma ona, rzecz jasna, ścisły związek z buddyjską soteriologią.

Jedynym prawdziwym, ostatecznym celem, do którego warto i należy dążyć, jest w *TKU* wyjście poza obracające się z wieczności w wieczność kolisko samsary — narodzin, śmierci, ponownych narodzin. Można wręcz powiedzieć, że najwięcej miejsca w *Księdze* udziela się pouczeniom, jak zmarły ma uniknąć ponownych narodzin, a to poprzez rozpoznawanie „głównych światłości", zapewniających stopienie się z dharmakają (ostateczną prawdą, najwyższą rzeczywistością), bądź poprzez zamykanie „bram łona". Ta buddyjska niechęć do ponownych narodzin jest czymś oczywistym w świetle jednej z czterech podstawowych prawd tej religii głoszącej, że narodziny, choroba, starość, śmierć — są cierpieniem. Na pierwszy rzut oka jest to postawa podobna do stanowiska gnostyków różnego autoramentu, którzy byli zdeklarowanymi wrogami narodzin, wszelki byt cielesny uważali bowiem za zło, jako że zła była wedle nich sama materia.

Wiemy, że o podobną postawę pomawiali Buddę mistrzowie indyjskich ortodoksyjnych szkół filozoficznych, gdy wystąpił po raz pierwszy ze swoją nauką. Zarzucili mu nihilizm i zarzut ten bywał — i bywa nadal — powtarzany, aż do naszych czasów, przez dwa i pół tysiąca lat.

W rzeczywistości jednak sprawa ma się inaczej. Gnostycka wrogość wobec wszelkich narodzin jest ufundowana na wyabsolutyzowanej dychotomii dobra i zła (tak ostro zarysowanej zwłaszcza u manichejczyków), która w buddyzmie jest nieprawomocna. Buddyjska dyrektywa „ścieżki środkowej" m.in. każe unikać artykułowania jakichkolwiek prawd w kategoriach absolutnych (nazywa się to „unikaniem skrajności"). Dla nauki Buddy jest zresztą bardzo znamienne, że nie operuje opozycją „dobro – zło", lecz raczej „przyjemność – cierpienie" (skr. *sukha – duhkha*).

W myśl tego stosunek buddysty do narodzin zostaje zrelatywizowany i odniesiony do ponownych narodzin. Poruszając kwestie tegoż stosunku trzeba również powiedzieć, że podlegał on ewolucji w czasie i w różnych odłamach buddyzmu wyglądał nieco odmiennie. Wydaje się w każdym razie, że w najdawniejszej epoce Dharmy sytuację śmierci wartościowano wyżej aniżeli narodziny, była to bowiem sytuacja uprzywilejowana, nastręczająca szansę wyzwolenia (*attham gato*, „powrót do domu", mówi się o śmierci w *Tripitace*), podczas gdy narodziny mają dla buddysty (tu zgadza się on jeszcze z gnostykiem) cechy upadku. Therawada wyznawała w tej kwestii pogląd zdecydowanie negatywny. Z upodobaniem przypominającym średniowiecznych mistyków i ascetów europejskich, a także Ojców Pustyni, podkreśla ona nędzę i znikomość ludzkiego bytu, co symbolizuje plugastwo człowieczego ciała, które jest „miastem zbudowanym z kości, sklejonym z mięsa i krwi, będącym siedliskiem starości, śmierci i rozkładu" — jak to czytamy w *Dhammapadzie* (*Dżarawagga*, 150).

Tu nasuwa się dość oczywiste, niemniej przeto wielkiej wagi pytanie: jeżeli śmierć znaczy tylko „powrót do domu", to czy warto w ogóle z niego wychodzić? Czy warto rodzić się na ten świat, skoro narodziny to cierpienie, życie — to cierpienie, i w ogóle wszystko jest cierpieniem?

Na te ważkie pytania nauka buddyjska odpowiada ostrożnie, unikając zarówno nihilistycznego zacietrzewienia manichejczyków, jak i radosnego, ontologicznego optymizmu myśli żydowskiej, wedle której wszelki byt jest „dobry", a nawet „bardzo dobry" (jak to czytamy w Księdze Rodzaju). Odpowiedź Buddy brzmi: tak, byt jest cierpieniem, ale...

To „ale" stanowi zwornik nauk *TKU* (i w ogóle buddyzmu) w omawianej kwestii. Ponownych narodzin trzeba unikać, najczęściej wszelako nie udaje się to. Jeśli nie potrafimy ich uniknąć, musimy znów wejść w narodziny. Rzecz w tym, by nowy byt uczynić drogą zbawienia, by wykorzystać go maksymalnie jako narzędzie, wehikuł przybliżający nas do ostatecznego celu. Wartość człowieczeństwa jako kondycji kosmicznej dającej największe szanse wyzwolenia jest ogromna, wprost nieoceniona. Człowiek jest w tym względzie najbardziej uprzywilejowaną istotą Kosmosu, posiada bowiem ciało i odpowiednio ukształtowaną świadomość.

Jakoż w tejże samej *Dhammapadzie* znajdujemy stwierdzenie, że „trudno urodzić się człowiekiem" (*kiczczho manussapatilabho*, strofa 182). Dawni mędrcy uchwycili głęboką prawdę, zrozumieli, że w nieskończoności potężnej, odwiecznej rzeki samsary pełnej najrozmaitszych form życia narodzenie się w kształcie człowieczym jest czymś nieprawdopodobnie wręcz rzadkim. Spośród bilionów rodzących się w każdej chwili we Wszechświecie istot żywych taka szansa trafia się jednej raz na całe eony. Mahajana postępuje krok dalej, uznając ten fakt poniekąd za bardzo cenny. W tekstach tybetańskich (np. w *Lam-mcz'og* sGam-po-py) mówi się o tym często słowami „bardzo cenne ludzkie ciało" (*rin-po-cz'ei mi-lus*), do którego ukształtowania się i przyjścia na świat musi być spełnionych jednocześnie osiemnaście warunków, nader rzadko mogących występować łącznie.

Oczywiście, ludzkie ciało (byt) nie ma charakteru Dobra, wartości samoistnej (np. jako ukształtowane przez Boga). Nawet to, że zawiera w sobie potencjalny pierwiastek buddy, nie wynosi jeszcze człowieka ponad inne byty żywe, bo i one mieszczą w sobie „zalążki natury buddy" (stąd szacunek buddysty dla wszystkiego, co żyje). Wartość ludzkiego statusu to — jak powiedziałem wyżej — wartość d r o g i i najdoskonalszego narzędzia, pomagającego skutecznie dążyć do celu. Oto nasza przewaga nad istotami niższymi (zwierzętami), które mają wprawdzie ciało, ale ich duch jest nazbyt prymitywny, omroczony, aby mogły same pokierować sobą i dać się poprowadzić Dharmie (której nie rozumieją). I przewaga nad „aniołami" (dewami), które znów — jako byty duchowe, pozbawione ciał materialnych — nie cierpią wprawdzie, ale *eo ipso* są poniekąd niepełne, ułomne, nie potrafią bowiem aktywnie kształtować swego obecnego i przyszłego losu.

Tę wyborność człowieka z punktu widzenia możliwości pracy nad własnym wyzwoleniem zwięźle i pięknie ujmuje pewien tekst tybetański zatytułowany *Cenny naszyjnik wyzwolenia, złożony ze spełniających wszelkie życzenia klejnotów szlachetnej Dharmy*[24]. Czytamy w nim: „To trudne do uzyskania ludzkie ciało ma możność odrzucenia zła, czynienia dobra, przeprawiania się przez ocean samsary, wejścia na drogę prowadzącą do oświecenia, wreszcie uzyskania stanu buddy. Dlatego jest ono wznioślejsze[25] od wszelkich bogów i nagów[26] i od innych stworzeń żywych. Jest też cenniejsze od klejnotu spełniającego wszystkie życzenia"[27]. Podobne słowa czytamy u Śantidewy (*Bohdiczarjawatara*).

Istnieje także druga ważna okoliczność, dla której człowiek, istota z ciała i ducha, zajmuje tak niepowtarzalnie wybitną pozycję w Kosmosie. Otóż stoi on „pośrodku", pomiędzy światem czystego ducha a tępą, nieprzejrzystą materią, pomiędzy bogami a mieszkańcami „niższych sfer". W tym względzie antropologia buddyjska współbrzmi dobrze z antropologią np. Kabały, która trafiła do teorii człowieka (czy może raczej — antropozofii) wypracowanej przez Pica. Oto co czytamy w jednym z najbardziej znanych jego tekstów, *Mowie o godności człowieka* (*Oratio de hominis dignitate*): „Postawiłem cię pośrodku świata, abyś łatwiej mógł stąd zaobserwować wszystko, co się w nim zawiera. Nie uczyniliśmy cię ani stworzeniem boskim, ani ziemskim, ani śmiertelnym, ani nieśmiertelnym, tak byś sam mógł w sposób najlepszy i najgodniejszy kształtować siebie, wedle swojej woli. Jeżeli tak sam zdecydujesz, możesz stoczyć się do rzędu stworzeń niższych, jak zwierzęta, możesz także wznieść się do istot boskich"[28].

Człowiek jest więc istotą dysponującą wolnym wyborem. Również w *TKU* człowiek wędrujący w bar-do nieomal co krok staje przed koniecznością wyboru. Jest to bodaj jeden z najbardziej rzucających się w oczy i najdramatyczniejszych rysów scenariusza *Księgi*. Podobnie też jak u Pica, w jej perspektywie człowieczeństwo to wielka szansa, i łatwo ją utracić. Być człowiekiem to chodzić po cienkiej linie przeciągniętej nad bezdenną przepaścią, z której w razie upadku wydostać się jest bardzo, bardzo trudno...

Nie zrozumieli więc starożytni indyjscy mędrcy nauki Gautamy Buddy, gdy mu zarzucali, że jest wrogiem narodzin *tout court*. Nie do końca rozumie go chyba również błyskotliwy prowokator intelektualny E. Cioran, wyraźnie zresztą zafascynowany buddyzmem, zdecydowanie i skrajnie wrogi narodzinom. Jakoż czytamy u niego:

„Nie biegniemy ku śmierci, uciekamy przed katastrofą narodzin. Udało nam się jakoś ujść, miotamy się tu i tam, próbujemy zapomnieć. Strach przed śmiercią jest tylko projekcją w przyszłość lęku datującego się od pierwszych naszych chwil.

Rzecz jasna, wzdragamy się przed traktowaniem narodzin jak klęski; czyż nie wpajano nam, że jest to najwyższe dobro, i że to, co najgorsze, znajduje się u kresu, nie zaś na początku naszej drogi? A jednak zło, prawdziwe zło (podkr. moje — I. K.) jest za nami, nie zaś przed nami. Nie uświadomił sobie tego Chrystus, pojął zaś to Budda, mówiąc: »Gdyby, o mnisi, nie istniały na świecie te trzy rzeczy, Doskonały nie pojawiłby się na świecie...«. I narodzinom przyznał miejsce przed starością i śmiercią, są one bowiem źródłem wszelkich ułomności i klęsk"[29].

Czym jest, a czym nie jest *TKU*

Jedno z niebezpieczeństw, jakie towarzyszą zjawisku przejmowania przez kulturę europejską wartości pochodzących z zupełnie odmiennych, egzotycznych kręgów kulturowych, to swoiste zafałszowanie perspektywy recepcji. Wiąże się ono z tym, że trafiające do nas stamtąd dzieło ludzkiego ducha (np. literackie) przybywa niejako „samotnie", „nago", często też przypadkowo. Ta jego samotność (mam tu na myśli wyrwanie z kontekstu kulturowego, religijnego, filozoficznego itd.) sprawia nieraz, że nawet jeśli jest tylko interesujące, może na innym terenie zrobić wielką karierę i zyskać rangę wybitności. Jeśli jest wybitne, może zacząć uchodzić za genialne. Z braku odpowiedniej perspektywy (znajomości kontekstu) siłą rzeczy bywamy skłonni do uznania izolowanych wartości obcych kultur za absolutnie wyjątkowe, tzn. do rzutowania tej oceny również na grunt, z którego wyrosły. (Byłożby to jeszcze jedno złudzenie europocentryzmu *à rebours*?)

Tego rodzaju refleksje nasuwa już sam utarty w Europie tytuł omawianego tu tekstu — *Tybetańska Księga Umarłych*. Jest on wprawdzie — co podkreśla C.G. Jung (por. *Dodatek III*) — w dużej mierze trafny, może jednak również — jak wskazuje K. Sagaster — prowadzić do istotnych nieporozumień[30]. Żeby ich, o ile możności, uniknąć, zastanówmy się, czym jest, a czym nie jest *TKU* w samym

Tybecie. Oddajmy najpierw głos wymienionemu wyżej znakomitemu niemieckiemu orientaliście: „Po pierwsze, *Tybetańska Księga Umarłych* nie ma w Tybecie monopolu (»*ist nicht d a s tibetische Totenbuch*«) nie jest bowiem bynajmniej jedynym tekstem pragnącym przygotować człowieka do śmierci i służyć mu radą w czasie po śmierci. Po drugie, *Księga Umarłych* nie odzwierciedla po prostu tybetańskich wyobrażeń o śmierci, oczywiste jest bowiem, że Tybetańczycy, którzy nie stanowią jedności etnicznej ani religijnej, wypracowali z biegiem czasu rozmaite wyobrażenia na temat śmierci. *TKU* [...] jest tekstem buddyjskim, zawiera więc buddyjskie wyobrażenia o śmierci, zresztą bynajmniej nie przez wszystkich buddystów w tej samej dokładnie formie przyjmowane"[31].

Te zastrzeżenia można uzupełnić jeszcze jednym. Otóż teksty typu *TKU* podają scenariusze zdarzeń pośmiertnych jedynie ludziom umierającym z choroby lub starości. Przebiegają one inaczej u ludzi ginących śmiercią gwałtowną.

TKU przynależy do bardzo szerokiego i cieszącego się szczególnym statusem kręgu piśmiennictwa tybetańskiego zwanego *gter-ma* (dosł. „skarb"). Obejmuje on teksty bezpośredniego lub pośredniego autorstwa Padmasambhawy, rzekomo ukryte przez niego w zamierzchłej epoce (VII wiek), i ujawniane począwszy od XI wieku przez joginów i wizjonerów dysponujących specjalnymi uzdolnieniami[32]. Jednym z nich był Kar-ma gling-pa[33], prawdopodobnie zresztą autor tekstu *Księgi*, skoro — jak twierdzą obecnie niektórzy badacze — Padmasambhawa być może w ogóle nie był postacią historyczną[34].

W oryginalnym tytule *TKU* słów „śmierć" ani „umarły" w ogóle nie ma, jest natomiast słowo „samowyzwolenie" (*rang-grol*). Nasza *Księga* jest właśnie jednym z kilkunastu tekstów grupy *rang-grol* (traktujących o samowyzwoleniu się z bar-do), jakich „odkrywcą" był Kar-ma gling-pa. Nasz tekst dotyczy samowyzwolenia się przez słuchanie pouczeń; inne pozwalają osiągnąć ten sam cel poprzez przyczepianie amuletów (*btags-grol*), obserwowanie oznak zbliżającej się śmierci (p. *Dodatek I*), oczyszczanie z przewin, wzbudzanie skruchy itp. Wszystkie one są z sobą nawzajem ściśle powiązane wspólnym celem i wzajem komplementarne, jakkolwiek każdy z nich ma charakter odrębnej, w dużym stopniu autonomicznej metody, którą stosuje się w zależności od konkretnych warunków, osobowości umierającego, jego duchowego zaawansowania, środowiska, z którego pochodzi itd. Wspomnieć nadto trzeba o bogatej tradycji ustnej przekazywania pouczeń zmarłym.

Omawiana tutaj *TKU* jest buddyjskim tekstem rytualnym związanym ściśle z tradycją „sekt" rŃing-ma i 'Brug-pa, a także bKa'-bgrjud[35], i odzwierciedla właściwe im wyobrażenia eschatologiczne. Jest to jeden z wielu tego rodzaju znanych w Tybecie tekstów i bynajmniej nie najbardziej rozpowszechniony. Każda tradycja („sekta") ma własne analogiczne instrukcje dla człowieka, który znalazł się w sytuacji śmierci i „bytu pośredniego" w bar-do. W szczególności interesujące są „Księgi Umarłych" „sekt" dGe-lugs, Sa-skja, i 'Brug-pa — poza Tybetem niemal nie znane, a i w samym Kraju Śniegów mające zasięg ograniczony do danej „sekty" i tylko do sfery rytualnej[36]. Znamienny jest fakt, o którym opowiada wspomniany już wyżej prof. K. Sagaster. Otóż jeden z wybitnych przedstawicieli szkoły dGe-lugs zapewniał go, że nigdy jeszcze o *TKU* nie słyszał; wypożyczył nawet od niego tekst *Księgi*, aby przeczytać ją po raz pierwszy w życiu[37]. Z drugiej jednak strony znamy rozmaite wersje *Księgi*, używane na terenach Środkowej Azji (w Mongolii itd.), będące najprawdopodobniej adaptacjami bądź przekładami oryginałów tybetańskich. Jedną z najciekawszych jest wersja ujgurska, będąca częściową recenzją nauczania słynnego indyjskiego tantryka Naropy (XI w.). Jego słynna doktryna ezoteryczna „sześciu dharm" (tyb. *cz'os-drug*) zawiera m.in. instrukcje dotyczące bar-do oraz przenoszenia świadomości (tyb. *'p'o-ba*) (Zob. P. Zieme, G. Kara, *Ein uigurisches Totenbuch. Naropas Lehre in uigurischer Uebersetzung*, Akadémiai Kiadó, Budapest 1978).

Tybetologom zachodnim znanych jest obecnie kilkanaście[38] różnych tybetańskich tekstów zawierających pouczenie dla umierających i zmarłych. Wiadomo też, że istnieje w Tybecie bardzo wiele komentarzy do nich i tekstów pokrewnych tematycznie, grupujących się wraz z „Księgami Umarłych" *sensu stricto* w całe cykle. Tę bogatą literaturę znamy, jak dotąd, słabo. W jeszcze większym stopniu odnosi się to do piśmiennictwa thanatologicznego religii Bon, ciągle żywej w Tybecie i na jego rubieżach, i również dysponującej własnymi pouczeniami dla umarłych[39].

Zastosowania rytualne

Przygotowywanie człowieka do przejścia na „drugą stronę" we wszystkich bodaj kulturach obrastało w czynności ceremonialne, rytualne. Nie inaczej było w Tybecie, gdzie istotną część tych obrzędów stanowiło przekazywanie umierającemu (względnie już umarłemu) człowiekowi instrukcji i wskazówek mających mu pomóc w osiągnięciu zbawienia, bądź też — gdyby okazało się to niemożliwe — dobrego ponownego narodzenia. Instrukcje te recytowano z pamięci albo odczytywano po wielokroć z tekstów podobnych do naszej *TKU*. Recytacji towarzyszyło, poprzedzało ją albo po niej następowało szereg czynności obrzędowych, których sens nieraz nam umyka, często wszakże staje się zrozumiały właśnie w świetle nauk zawartych w *TKU*. Wspomnijmy tu o niektórych z nich[40].

Kiedy chory *in articulo mortis* oznajmił już swoją ostatnią wolę, trzeba usunąć z jego łóżka skóry zwierzęce i wszelkie przedmioty skórzane, gdyż podczas obrzędu „przenoszenia świadomości" (*'p'o-ba*) mogłaby ona przylgnąć do nich. Następnie, jeszcze nim ustanie „duch zewnętrzny" chorego, należy mu podać do picia „wodę błogosławieństwa", a także skłonić go do przełknięcia relikwii (w formie szklistych kulek, tyb. *ring-bsrel*) buddy, posmarowanych masłem jaczym lub krowim. Gdy oddech chorego ustanie, jeden z jego bliskich, pomagających mu umierać, zachęca go głośno do skupienia ducha na swoim Guru lub jidamie (bóstwie opiekuńczym). W umierającym budzi się teraz „świadomość subtelna" (*rnam-szes p'ra-mo*), toteż doskonale rozumie wszystko, co się doń mówi. Dalej jest więc on zachęcany do medytowania Buddy, bodhisattwy Awalokiteświary itp.

Przy umieraniu człowiekowi nie powinna asystować rodzina — żona, dzieci itd., nie powinna też znajdować się w jego zasięgu żadna rzecz budząca w nim silne uczucia przywiązania bądź niechęci. Innymi słowy, usunąć trzeba wszystko, co mogłoby go wzburzyć, jako że spokój i równowaga ducha w chwili śmierci są ważnym warunkiem dobrych następnych narodzin. Z tych samych powodów nie wolno też krzyczeć, hałasować i głośno rozpaczać. Istotne jest również właściwe ułożenie ciała umierającego. Spoczywać on powinien w „pozycji lwa" — na prawym boku, z prawą dłonią pod głową. (Tak umierał Gautama Budda). W takiej właśnie pozycji samoczynnie zamykają się wszystkie otwory ciała, przez które mogłaby się w sposób niekontrolowany wydostać świadomość zmarłego, a to jest nader groźne, prowadzi bowiem do jego odrodzenia się w niższych sferach bytu albo zgoła w piekle. Świadomość musi ujść centralnym kanałem energetycznym, przez „złotą bramę", czyli „otwór Brahmy" w spojeniu ciemieniowym. Wówczas zmarły ma szanse na wyzwolenie albo na dobre ponowne narodziny.

Odtąd aż do obrzędu „przenoszenia świadomości", którego powinien dokonać kwalifikowany lama (najlepiej Guru zmarłego) nikomu nie wolno dotykać zwłok, gdyż grozi to ucieczką świadomości przez dotknięte miejsce.

Wszystkim tym czynnościom towarzyszą modlitwy, recytacja mantr, ofiary z campy, mleka, wody, palenie lampek z masła. Przez 49 dni od śmierci (a więc przez cały okres wędrówki w bar-do) trwa przy zmarłym żałoba — nie wolno tańczyć, śpiewać, zrzucić trzeba flagi modlitewne, trzepoczące przy każdym tybetańskim domu; bliscy zmarłego winni odziewać się w stare, znoszone ubrania koloru czarnego, zdjąć ozdoby, rozpleść włosy, nie myć twarzy, rano i wieczorem przy wtórze dzwonków i cymbałków składać w nieużywanych garnkach ofiary duchom itd.

Tymczasem lama odprawia obrzęd „przenoszenia świadomości" zmarłego. Nie będę się tu nad tym rozwodzić, gdyż opisują go już pierwsze ustępy *TKU*. Wspomnę tylko o pewnych ezoterycznych zabiegach z nim związanych, bardzo interesujących, lecz mało znanych i chyba popadających już w zapomnienie nawet w Tybecie. W ciekawy sposób poszerzają one i wzmacniają poprzez swoistą „technikę wizualną" skuteczność pouczeń dla zmarłego, odczytywanych z tekstów *TKU* bądź pokrewnych. Opisuje je D.I. Lauf w cytowanym już artykule o rytuałach inicjacyjnych *Tybetańskiej Księgi Umarłych*[41]. Obecność ciała zmarłego nie jest przy tym niezbędna, wystarcza jego choćby schematyczny wizerunek. Umożliwia to świadczenie mu pomocy już po ceremonii pogrzebowej, gdyż — przypomnijmy raz jeszcze — pełna prób wędrówka człowieka w bar-do może trwać kilka tygodni (najwyżej jednak siedem).

W jej trakcie zmarłemu ukazują się, w określonym porządku, rozmaite światłości, postacie buddów w odmianach gniewnych oraz spokojnych, figury pijących krew heruków, strażników Dharmy, budzących trwogę bóstw żeńskich (dakinie), upiornych „jogiń" o głowach zwierząt (Gauri-ma i „czarownice"). Próba, której poddany jest dążący przez bar-do człowiek, polega na nieulękłym rozpoznaniu ich prawdziwej natury, na zrozumieniu, że — jak mówi wyraźnie *TKU* — „wychodzą one z jego własnego mózgu", są produktem jego jaźni, „projekcjami", jak powiada C.G. Jung, jej ukrytych energii (treści nieświadomego). Teksty instrukcji dla zmarłych dość dokładnie opisują wszystkie te postacie (w sumie jest ich ponad setka), ale mądrzy lamowie, znający potęgę obrazu, uznali snadź, że to za mało, postanowili przeto przyjść zmarłemu z pomocą właśnie za pośrednictwem środków wizualnych. W tym celu, w trakcie recytowania pouczeń zmarłemu (obecnemu *in effigie*) przy wzmiance o danej postaci, ukazującej mu się właśnie w bar-do, lama-oficjant pokazuje kartę z wyobrażeniem odpowiedniego bóstwa. Jest to rytuał zwany *lha-dbang* (inicjacja bóstw).

Karty owe to obrazki rozmiarów około 8 × 10 cm, malowane na zagruntowanym płótnie i naklejane na kartonie, przedstawiające — pojedynczo lub w grupach, i oczywiście w kolorach — wszystkie bóstwa wielkiej mandali *TKU*. Mają one „twarzą w twarz" (*ngo-sprod*) uzmysłowić zmarłemu cel i sens doświadczeń pośmiertnych. Pełne ich zestawy, liczące od 60 do 80 sztuk, są już dziś wielką rzadkością[42].

Obrzęd trwać może wiele godzin. Czas ten reprezentuje w formie skondensowanej dwa tygodnie, jakie zabiera zmarłemu stawienie czoła wszystkim bóstwom bar-do: w ciągu pierwszego tygodnia ukazują mu się kolejno: Adibudda Samantabhadra i pięciu dhjanibuddów oraz czterdzieści dwa bóstwa „spokojne", następnie zaś — od ósmego do czternastego dnia — pięćdziesiąt osiem bóstw „gniewnych". Ceremonia przebiega w obecności licznie zgromadzonych widzów, którzy również mogą przygotować się do tego, co ich czeka po śmierci, zaznajamiając się już za życia z wizerunkami postaci, jakie pojawią się przed nimi w bar-do.

Do tego zestawu obrazków dochodzi jeszcze seria kart przedstawiających osobno atrybuty wszystkich owych buddów, bóstw i upiorów — dordże, dzwonki, lotosy, czakry, miseczki żebracze, czaszki wypełnione krwią, lutnie, miecze itd. Na specjalnej tablicy, podzielonej kredą na pola, zaznacza się poszczególne etapy wędrówki zmarłego w bar-do i po sześciu sferach egzystencji.

Z każdym z buddów związane są określone treści doktryny buddyjskiej (psychologiczne, filozoficzne, eschatologiczne), każdej zatem inicjacji towarzyszy objaśnianie owych treści przez lamę i stosowne obrzędy oczyszczające. Na specjalną uwagę zasługuje, moim zdaniem, inicjacja „czterech strażników wrót mandali", służąca — jak pisze D.I. Lauf — „oczyszczeniu wyobrażeń dotyczących nauki o wiecznym istnieniu albo o doskonałym wyzwoleniu, którą symbolizuje bardzo złożone pojęcie *rtag-cz'ad mu bżi* (cztery granice wieczności i unicestwienia). Wszystkie te cztery granice i odpowiadające im pojęcia mają być przekroczone w chwili wyzwolenia. Chodzi tu konkretnie o granice narodzin i śmierci (tyb. *skjed-'gag*), nieśmiertelności i wyzwolenia (*rtag-cz'ad*), bytu i niebytu (*jod-med*) oraz zjawisk śunjaty (*snang-stong*)"[43].

Ta dość może niejasna dla zachodniego czytelnika wykładnia zawiera kwintesencję buddyjskiej filozofii w wydaniu szkoły madhjamaka, w ujęciu głównego jej przedstawiciela, Nagardżuny. „Cztery granice" to jednocześnie „cztery szczyty" Nagardżuny (skr. *czatuszkoti*, *tetralemma*), wyczerpujące wszystkie możliwe *modi* bytu (A lub *non*-A, A i *non*-A, ani A, ani *non*-A). „Oczyszczenie wyobrażeń" polega tu na naocznym uświadomieniu zmarłemu i obecnym, że ostateczna rzeczywistość (wyzwolenie, dharmakaja, główna światłość bar-do) jest transcendentna w stosunku do owych „czterech granic", pojęć, mowy, że nie mieści się w ich obrębie, jest niewyrażalna. Tak właśnie — twierdzi prof. Murti — w mahajanie pojmuje się „ścieżkę środkową", symbolizującą najgłębszy sens jej doktryny filozoficznej[44].

Dodajmy, że mamy tu do czynienia z rzadkim chyba przypadkiem, gdy do ludowego poniekąd obrzędu trafiają bardzo wysublimowane treści filozoficzne, przedstawiane w tak naiwnie naoczny sposób.

Kontekst literacki

Teraz, gdyśmy już zarysowali pobieżnie problematykę filozoficzną i religijną *Księgi* oraz nakreślili jej kontekst obrzędowy, spróbujemy odpowiedzieć na pytanie, jaka jest jej pozycja w literaturze tybetańskiej — boć to przecież również tekst o godnych uwagi walorach literackich.

Odpowiedź nie jest prosta, a to głównie wskutek trudności z precyzyjnym wydzieleniem literatury (w naszym rozumieniu) z całokształtu ogromnego rozmiarami piśmiennictwa Tybetu. W przygniatającej części ma ono charakter uczony, „scholastyczny" nawet, ściśle związany z religią i tekstów jednoznacznie literackich jest w nim niewiele (jeśli, rzecz jasna, pominiemy tu literaturę ludową, nieczęsto zresztą zapisywaną).

Gdy weźmiemy pod uwagę „fabułę" *TKU* z całym jej dramatyzmem (wędrówka człowieka po zaświatach, gdzie spotykają go rozliczne próby), wykazuje ona niewątpliwie podobieństwa do szeroko rozpowszechnianych w Tybecie, zwłaszcza wschodnim, opowieści o tzw. „delogach" (tyb. *'das-log*, zmarły, który „powrócił ze śmierci", aby opowiedzieć, co ujrzał i przeżył „po drugiej stronie"). „Delog" to ktoś, kto umarł i opuścił ciało, aby po jakimś czasie na powrót w nie wstąpić i żyć nadal. Umożliwiają mu ten powrót pewne tajemnicze praktyki magiczne, w których celują zwłaszcza kapłani religii Bon. Buddyści odnoszą się do nich raczej nieufnie twierdząc, że w większości takich przypadków w trupa wstępuje z powrotem nie duch zmarłego, lecz jakiś demon, który za życia „przyczepił" się do niego i czekał tylko na sposobność, aby zawładnąć jego ciałem[45].

Jak widać, mamy tu do czynienia z bardzo starym, znanym ze wszystkich czasów, kultur i religii motywem zstąpienia do piekieł (*descensus ad inferos*, część scenariusza inicjacyjnego). Spotykamy się z nim w wielkich dziełach literackich (*Odyseja*, *Boska komedia*), tekstach religijnych (choćby apokryfy o zejściu Chrystusa do piekieł czy buddyjska opowieść o Maudgaljajanie, jednym z uczniów Gautamy Buddy), wreszcie w utworach literatury ludowej.

Historii o „delogach" znanych jest w Tybecie mnóstwo; niektóre — zarówno w wersjach bon-po, jak i buddyjskich — publikuje się w Indiach[46].

Z drugiej strony *TKU*, będąc zarazem kompendium wszystkich najważniejszych treści religii i filozofii buddyjskiej (w wersji tantrycznej), związana jest też bardzo ściśle z religijno-filozoficznym piśmiennictwem tybetańskim. Wszak sama koncepcja bar-do jako sytuacji granicznej, pośredniej miedzy śmiercią a ponownymi narodzinami, ujęcie wędrującego w bar-do ducha jako „ciało umysłu", „świadomość czysta", jej współistotność z dharmakają (śunjatą) — wszystkie te wątki obecne są już w wielkich, przetłumaczonych przed wiekami na tybetański dziełach indyjskich filozofów i logików buddyzmu — Nagardżuny, Asangi, Wasubandhu i innych. Szczególnie ważne są pod tym względem pisma, takie jak *Abhidharmakośa* Wasubandhu, traktat *Uttaratantra* Asangi (IV wiek), bardzo ważny dla buddyzmu tantrycznego, a także inne klasyczne teksty mahajany, takie jak np. *Widźniaptimatratasiddhi* czy *Bodhisattwabhumi* — wszystkie pochodzące z pierwszych wieków naszej ery.

Poprzez obecne w *TKU* elementy opisu „fizjologii umierania" (ruch prany, czyli „wiatrów", w kanałach energetycznych, resorpcja „żywiołów" itd.) *Księga* spokrewnia się też wyraźnie z tybetańską literaturą medyczną, również w dużej mierze proweniencji indyjskiej. Piszę o tym szerzej w *Dodatku I*.

Wypada wreszcie dodać, że teksty pouczeń dla zmarłych, upodabniające się formą i treścią do *TKU*, odnajdujemy w „dziełach zebranych" (*gsung-'bum*) licznych, co wybitniejszych uczonych lamów różnych „sekt" buddyzmu tybetańskiego. Można by tu wymienić wiele nazwisk, ale poprzestańmy na trzech tylko: Guru kLong-cz'en-pa (1308–1368) i „odkrywca skarbów" 'Dżigs-med Gling-pa, których pisma dotyczące bar-do weszły w skład wielkiej kolekcji „sekty" rŃing-ma-pa, zwanej *Rin-cz'en gter-mdzod* (Drogocenna skarbnica), oraz słynny I Panczen-Lama Szakja bcun-pa bLo-bzangs cz'os-kji rgjal-mc'an (1570–1662), autor księgi zatytułowanej *Bar-do-'p'rang sgrol-gji gsol-'debs 'Dżigs-sgrol-gji dPa'-bo żes-bja-ba* (Bohater wyzwalający z trwogi, czyli korna prośba o uwolnienie z wąskiego przesmyku bar-do).

Literatura dotycząca bar-do jest w Tybecie obfita. W dziedzinie jej poznawania bardzo wiele — niemal wszystko — jeszcze jest do zrobienia. Wystarczy powiedzieć, że do dziś nie mamy krytycznego wydania tekstu *TKU*; jej wersje rękopiśmienne, kopiowane z ksylografów, zawierają na ogół błędy, nieraz mocno zniekształcające sens. Może to prowadzić do istotnych rozbieżności w przekładach.

Problemy interpretacyjne, paralele, analogie

Już choćby to, co C.G. Jung w komentarzu psychologicznym do *TKU* (p. *Dodatek III*) mówi o wpływie *Księgi* na swoją myśl, wystarczyłoby do uznania tego egzotycznego tekstu za jedno z najbardziej ważkich odkryć Zachodu XX wieku. Niepowtarzalny charakter i wielkie znaczenie tego tekstu polegają, jak myślę, na tym, że związane ze śmiercią treści i problemy, w rozmaitych kręgach kulturowych często i intensywnie eksplorowane, po raz pierwszy wyprowadza on ze sfery poetyckiej fantazji i mitu, zewnętrznej niejako wobec człowieka, umieszczając je w przestrzeni jego psyche. Nie oznacza to zresztą zepchnięcia dramatu opisywanego w *TKU* w dziedzinę czysto subiektywną, skoro jaźń człowieka została w buddyzmie mahajanistycznym utożsamiona z uniwersalną Pustką, noszącą znamiona substancji i podłoża wszechrzeczy. Szerzej o tym pisać tutaj nie muszę; dokonane przez Junga odczytanie *TKU* wedle klucza psychologicznego bynajmniej się nie zestarzało.

W *TKU* do opisania sytuacji śmierci i losów pośmiertnych człowieka zastosowano precyzyjny i plastyczny idiom obrazów i symboli, znakomicie wręcz przystający do idiomów wypracowanych w kulturze europejskiej w ciągu wielu wieków przez filozofię, psychologię, religioznawstwo porównawcze, poezję, malarstwo. Nadto sytuacja ta przedstawiona jest w *Księdze* jako dramat o wielkiej dynamice i napięciu, co czyni z niej również interesujące dzieło literackie. Tyle w niej ruchu, kształtów, dźwięków i barw! Okoliczności te sprawiają, że *TKU* jest jednym z najbardziej czytelnych dla zachodniego odbiorcy tekstów piśmiennictwa tybetańskiego, na ogół niezwykle hermetycznego.

Jak każdy wielki tekst religijny, *TKU* jest wielowarstwowa i można ją interpretować pod różnymi kątami, na rozmaitych poziomach[47]. Na przykład z punktu widzenia morfologii religii stanowi ona scenariusz inicjacyjny, o tyle zresztą nietypowy (na co również jako pierwszy bodaj zwrócił uwagę C.G. Jung), że „zstępujący", niejako odwrócony: kulminacja — próba „głównej światłości" — znajduje się w nim na samym początku, potem zaś jest już tylko „staczanie się" w byt fizyczny, ku narodzinom.

Bardzo ciekawe rezultaty interpretacyjne mogłoby dać, jak mi się wydaje, podążenie tropem wskazanym w następujących słowach tybetańskiego uczonego i jogina we wstępie do pewnego traktatu o śmierci, stanie pośrednim i ponownych narodzinach: „Treść tej książki ilustruje alchemiczną przemianę żelaza w złoto. Elementami żelaza poddanymi przemianie są narodziny, śmierć i stan pośredni pomiędzy żywotami; to podstawy, w oparciu o które działa czynnik przekształcający. Środki alchemiczne to fazy wytwarzania i dopełniania jogi najwyższej mantry, czyli najwyższej spośród czterech szeregów Tantr[48]. Wytworzonym złotem są trzy ciała buddy — prawda, błogość i emanacja"[49].

Na ogólniejsze analogie praktyk tantrycznych z technikami, a przede wszystkim z filozofią alchemików wskazywało wielu badaczy (m.in. M. Eliade) nikt jednak jeszcze, o ile mi wiadomo, nie pokusił się o odczytanie *TKU* według klucza alchemicznego.

Prawdopodobnie próżno by w światowym piśmiennictwie szukać drugiego tekstu z kategorii *TKU*, mogącego się z nią równać pod względem głębi filozoficznej i religijnej, ekspresji literackiej i malarskiej, uniwersalizmu i wagi problematyki. Cząstkowe porównania są wszakże możliwe. *TKU* nasuwa mniej lub bardziej bliskie paralele morfologiczne i funkcjonalne choćby z *Pieśniami Maldorora*, malarstwem Boscha i Pankoka, scenariuszami inicjacyjnymi misteriów eleuzyjskich, z katolicką mszą św. za zmarłych (por. też *Dodatek III*) itd.

W istocie, po gruntowniejszym namyśle można dojść do wniosku, że w olbrzymim duchowym dorobku cywilizacji śródziemnomorskiej tkwią tu i ówdzie (zwłaszcza w tradycjach religijnych) rozproszone odpryski czegoś, co mogłoby się złożyć na jakiś „protoscenariusz inicjacyjny" wspólny dla Wschodu i Zachodu, i którego najpełniejszą zachowaną postacią byłaby właśnie *TKU*. Oto garść poszlak tylko, ale chyba wymownych:

— u pitagorejczyków (później gnostyków i dualistów wszelakiego autoramentu) dusza, zstępując na świat poprzez sfery świetliste (planety), „obrasta" w rozmaite władze i zdolności intelektualne oraz afektywne, po śmierci zaś odbywa drogę odwrotną przez owe sfery, stopniowo pozbywając się wyposażenia osobowego w procesie swoistej „kenozy", aby na koniec stać się czystym duchem, umysłem (*nus* po grecku). Pisze o tym m.in. Plutarch[50]. Trzeba przy tym pamiętać, że u gnostyków i alchemików poszczególne sfery planetarne odpowiadają żywiołom (elementom, później pierwiastkom chemicznym). Zestawić to można z tą częścią wędrówki duszy po bar-do, w której dąży ona od jednej mandali dhjanibuddy do drugiej, pozostawiając z każdej z nich (resorpcja we właściwych owym dhjanibuddom żywiołach — ziemi, wodzie, ogniu i powietrzu) część swoich władz. Opadają one z niej jak łuski z cebuli, tak że dusza niejako się oczyszcza — bo te władze to nic innego jak buddyjskie skandhy, psychofizyczne zespoły osobowości empirycznej;

— Proklos (neoplatonik) wędrującą duszę nazywa „ciałem subtelnym" (*soma pneumatikón*). Przypomina to określenia z *TKU* „ciało umysłowe", „świadomość subtelna" itd. U Proklosa również zachowuje ono zdolność do emocji i afektów;

— wędrujący w bar-do duch nie rzuca cienia; podobnie u Plutarcha (*O Izydzie i Ozyrysie*), u którego jest to, rzecz jasna, echo wierzeń egipskich. Tak pisał o nich Champollion: „Zgodnie z pospolitymi wierzeniami Egipcjan, dusze, w przerwie pomiędzy jednym wcieleniem a drugim, błądziły przez pewien czas, uwolnione z więzów cielesnych, w przestrzeni niebios zawartej pomiędzy Ziemią i Księżycem"[51] (czyli w znanej późniejszej starożytności przestrzeni sublunarnej). Ta przestrzeń bywa też pojmowana jako jałowa pustynia;

— Grecy (Proklos, Suidas, Plethon, Plotyn w *Enneadach*) wiedzieli, że błądzącej duszy ukazują się niesamowite zjawy i demony, różnokształtne, różnobarwne. Były wśród nich hybrydy, figury ludzkie o nogach osła, postacie ze spiżu, węże, demony w formie psa itd. Niektórzy autorzy mówią też o ogniach, o ryczących i wirujących światłach. (Taki upiorny tłum zastępował też drogę adeptowi inicjacji w Eleusis);

— „umysł" w bar-do prześladowany jest przez „katów", usiłujących go pochwycić. „Katów" mamy też w pewnym tekście starochrześcijańskim (co prawda niezbyt ortodoksyjnym, bo jest to apokryf pt. *Legenda o Józefie Cieśli*). Oto Jezus prosi Ojca o opiekę nad swoim ojcem przybranym, wędrującym po śmierci, w takich słowach: „Mój Ojcze, korzeniu wszelkiej dobroci, Ojcze prawdy [...] proszę Cię za dziełem rąk Twoich, którym jest mój ojciec, Józef, abyś mi posłał wielkiego Cherubina i chór aniołów z Michałem [...] oraz Gabriela, zwiastuna eonu światła, by oni strzegli duszy mojego ojca Józefa, wskazując drogę, aż minie siedem eonów ciemności, i przeprowadzili ją po ciemnych drogach, po których chodzi się z wielką bojaźnią. A napełnia wielkim strachem zobaczenie znajdujących się tam katów"[52];

— szukając analogii i podobieństw, trzeba by na koniec (choć może należałoby od tego zacząć!) przypomnieć z *Rzeczpospolitej* Platona (XIV, XV) scenę rzucania losów przez Mojry, co umożliwia duszy wybór ponownego wcielenia, oraz wspaniałe ustępy z *Fedona* (108 A, B, C) opisujące wędrówkę duszy — nader zawiłymi ścieżkami — do Hadesu. Trwa to nieraz długo, aż (tu następuje bardzo tajemnicze zdanie) „...oznaczone czasy wyjdą, po których ją (tj. duszę) konieczność do odpowiedniego dla niej mieszkania zanosi" (przekład W. Witwickiego). Ciśnie się pod pióro słowo „karman" na miejsce owej „konieczności" (*ananke*), „odpowiednie mieszkanie" zaś to może jedna z sześciu sfer transmigracji (*gnas-drug*) z *TKU*.

Są to analogie sugestywne, ale ktoś może je uznać za powierzchowne. Poszukajmy dalszych, może sięgających głębiej.

Orygenes w *Homilii o etapach wędrówki synów Izraela* (Księga Liczb)[53] również opisuje drogę „inicjacyjną" duszy, usymbolizowaną przez wędrówkę Izraela po wyjściu z Egiptu. Interpretuje ją, rzecz jasna, w duchu chrześcijańskim (celem pielgrzymowania jest Chrystus), niezbyt przecież chrześcijańskie u wielkiego egzegety jest to, że ową drogę duszy ku doskonałości pojmuje on — pisze we *Wstępie* ks. E. Stanula — jako „dzieło wyłącznie człowieka". Inaczej niż w *Fedonie*, gdzie duszę prowadzi duch opiekuńczy, inaczej niż w tradycji chrześcijańskiej, która zawsze pozwala liczyć na pomoc anioła, tutaj — podobnie jak w buddyzmie — przewodnikiem może nam, ludziom, być tylko nasza własna siła i mądrość. A są one ze wszech miar potrzebne, bo w trakcie tej wędrówki czekają nas, zdaniem Orygenesa, rozliczne próby. Jak w *TKU*, chciałoby się je określić mianem „intelektualnych" — mamy mianowicie rozpoznawać rozmaite światłości. W strasznych bóstwach bar-do (Heruka, Wadżrapani, Jama Dharmaradża) człowiek ma rozpoznać dobrych buddów, w nich zaś — emanacje własnego umysłu; nie wolno mu też dać się zwieść ukazującym się matowym blaskom. U Orygenesa czytamy: „W widzeniach zawiera się także próba, bywa bowiem tak, że anioł niegodziwości podaje się za anioła światłości. Dlatego też powinieneś uważać i dokładać starań, abyś ze znajomością rzeczy mógł określić rodzaj widzenia..."[54].

A zatem trzeba tu wiedzy (*gnosis*), aby móc rozpoznać rodzaj „widzeń". Wędrówka trwa etapami; dla Izraela na pustyni było ich czterdzieści dwa. Również w bar-do „umysł" może błąkać się przez kilka tygodni — na przykład sześć (najwyżej siedem).

Orygenes: na każdym etapie dusza „zostaje oświecona, otrzymuje coraz więcej oświecenia [...], aż dociera do samego „Ojca Świateł" (s. 277). To jest oczywiście cel ostateczny — zbawienie, któremu w buddyzmie teoretycznie odpowiada nirwana, praktycznie — w mahajanie — bodhi, czyli oświecenie. Duch atoli w jednym „cyklu podróżnym" może do tego celu nie dotrzeć; wówczas musi się kontentować możliwie najlepszym ponownym odrodzeniem w jednej z sześciu sfer bytu. W *Księdze* kolejne mety eschatologiczne ustopniowane są wedle ich „dobroci", w porządku zstępującym („degeneratywnym", mówi Jung); jeśli człowiekowi nie uda się odrodzić w świecie bogów, to przynajmniej powinien starać się przyjść na świat wśród ludzi; jeśli już w świecie ludzi, to najlepiej na „Kontynencie Jabłoni" (*Dżambudwipa*), nie zaś np. na Uttarakuru, itd.

Co mamy jako *analogon* u Orygenesa? Teoretycznie, jako u chrześcijanina, nie powinno być nic, ale przecież wiadomo, że aleksandryjski myśliciel wierzył w jakąś formę transmigracji. Sądzę, że podobną jak w *TKU* „mapę" wędrówki inicjacyjnej (przypomnijmy, że w *Księdze* jest ona zorientowana podług czterech głównych kierunków świata i czterech kwater, czyli mandal, dhjanibuddów) mamy w tym oto ustępie: „Mojżesz zatem opisuje lud Boży podzielony na cztery obozy na ziemi; Apostoł opisuje cztery stany świętych w niebie, do których, jak mówi, przystępuje każdy z nas. Nie wszyscy jednak przystępują do wszystkich: jedni »przystępują do góry Syjon«, nieco lepsi od nich »przystępują do miasta Boga żywego, Jeruzalem niebieskiego«; doskonalsi od nich »przystępują do niezliczonej liczby aniołów głoszących chwałę«; ci zaś, którzy znajdują się ponad tamtymi wszystkimi, »przystępują do Kościoła pierworodnych zapisanego w niebie«" (itd., s. 46). W sumie człowiek ma tutaj cztery możliwości (coraz doskonalsze)... czego? Czy zbawienia? Chyba jednak nie — z wyjątkiem może pierwszego „obozu", „stanu świętych", który Orygenes nazywa „Kościołem pierworodnych zapisanym w niebie"; ten chyba można uznać za miejsce ostatecznego zbawienia. Pozostałe to etapy niższe, dające tylko „ocalenie", względnie korzystną, tymczasową sytuację egzystencjalną, umożliwiającą — jak można domniemywać — dalszą pracę nad przygotowaniem sobie możliwości „awansu" w przyszłości.

Wszystkie te podobieństwa wyglądają frapująco i trudno opędzić się od wrażenia, że obaj — Orygenes i autor *TKU* — szkielet formalny swoich „scenariuszy inicjacyjnych", może też niektóre ich elementy — zaczerpnęli z jakiegoś prastarego wspólnego źródła, jakkolwiek włożyli w nie treści odmienne. Powtórzmy: może źródło to znajdowało się gdzieś w świecie śródziemnomorskim, może na Bliskim Wschodzie. Wiadomo przecież, że wielkie religie pełnymi garściami czerpały ze skarbnicy tradycji dawniejszych, tak zasobnych w rozmaite formy ekspresji religijnej — rodzaje literackie, style wypowiedzi, obrazowanie, symbolikę, mitologiczne archetypy. Robił to zarówno buddyzm, jak i chrześcijaństwo.

Przesłanie *Tybetańskiej Księgi Umarłych*

Jak już powiedzieliśmy, celem *TKU* jest pomóc zmarłemu człowiekowi w stawieniu czoła najważniejszej próbie, od której zależy jego dalszy byt przejawiony — bądź wyzwolenie z bytu. W Tybecie odczytywano ją również ludziom żywym, na przykład chorym, aby oswoić ich z sytuacjami pośmiertnymi, tak by później, w bar-do, mogli bez trudu właściwie rozpoznawać światłości i emanacje, zapewniając sobie tym samym lepsze ponowne istnienie. Jakiż jednak pożytek może przynieść *Księga* innym — na przykład nie-buddystom, ludziom nam współczesnym?

Komentatorzy *TKU* wskazują, że tekst ten mówi nie tylko o sytuacji śmierci *sensu stricto*. Umieranie w szerszym sensie zdarza się nam przecież za życia, i to wcale nierzadko. Każda sytuacja graniczna, implikująca jakiś zasadniczy wybór, zwrot egzystencjalny, sytuacja „upadku", doświadczenie „dna istnienia", niepewności, zawieszenia — nosi cechy śmierci („starego człowieka" i możliwości narodzin „nowego" — powiedziałby św. Paweł). W przedmowie do jednego z ostatnich przekładów *TKU* czytamy następujące słowa znanego tybetańskiego mistrza, wykładającego w USA Chögyama Trungpy: „*Bar-do* znaczy rozziew. Jest to nie tylko przerwa, zawieszenie po naszej śmierci, ale również zawieszenie w jakiejś sytuacji życiowej; umieranie zdarza się także za życia. Doświadczenie bar-do jest częścią naszej podstawowej struktury psychologicznej. Przez cały czas zdarzają nam się wszelkie rodzaje doświadczenia bar-do — doświadczenia paranoi czy też zagubienia w codziennym życiu; jest to tak, jakbyśmy nie byli pewni ziemi pod stopami, nie wiedząc, o co nam chodzi i dokąd zmierzamy. Toteż niniejsza książka jest nie tylko przesłaniem dla tych, którzy właśnie mają umierać lub już umarli; jest to również przesłanie dla tych, co się narodzili. Narodziny i śmierć dotyczą każdego, ciągle, w tejże właśnie chwili"[55].

Lama Anagarika Gowinda, jeden ze zmarłych niedawno, wielkich przedstawicieli buddyzmu tybetańskiego, ujmuje to podobnie: „Stan pośredni (tyb. *bar-do*) jest wszelako nie tylko stanem pomiędzy fizyczną śmiercią a fizycznymi narodzinami, lecz odnosi się do każdej chwili naszego życia, ponieważ życie człowieka nieoświeconego (tzn. takiego, który nie uzyskał »oświecenia« pojmowanego po buddyjsku — I. K.) nie jest niczym więcej, niż tylko takim właśnie stanem pośrednim, nie bardziej rzeczywistym niż rojenia senne lub inne iluzoryczne bądź uwarunkowane czasowo stany umysłu. Słowo »iluzoryczne« w sensie tutaj użytym oznacza stan realny tylko do pewnego stopnia, jakkolwiek nie będący zwykłą halucynacją"[56].

Zdaje się, że kropkę nad „i" w tej kwestii stawia C.G. Jung. W swoim komentarzu (*Dodatek III*), podkreśla on, że człowiekowi dążącemu do samowiedzy *Księga* może oddać wielkie usługi, pomagając mu w lepszym poznaniu własnej struktury psychologicznej.

TKU uczy więc nie tylko, jak umierać po buddyjsku. Ludzi spoza kręgu tej religii może ona pouczyć, jak żyć. Uważnie, w skupieniu, ze świadomością znaczenia każdej chwili, każdego kroku, każdego wyboru. Bardzo ważna nauka *TKU* to przypomnienie, że nie wszystko, co się przed nami w życiu pojawia, jest rzeczywiste, jest wartością; że często mamy tu do czynienia z grą pozorów, złud, iluzji tylko udających rzeczywistość. I że sprawą najwyższej wagi jest nauczyć się odróżniać je od prawdy. Po to, by za nią bez strachu podążyć, choć jej blask bywa ostry, nieprzyjemny, oślepiający, i choć najczęściej musimy jej szukać na własny rachunek, samotnie. Ale ten blask wyzwala, bo prawda zawsze miała i mieć będzie moc wyzwalającą. Jest to motyw przewodni *Księgi*; wielokrotnie czytamy w niej słowa „ze zrozumieniem przychodzi wyzwolenie". Motyw w buddyzmie nadzwyczaj ważny, brzmi również swojsko dla chrześcijanina. Czyż nie czytamy w Ewangelii Janowej „prawda was wyzwoli"? (J 8, 32).

Tak więc *Księga* uczy nas odwagi — wobec prawdy, a także wobec samego umierania. Uczy też pokory: los, który nam się przytrafia, przytrafia się wszystkim bez wyjątku „synom ludzkim", ostatecznie nie ma w nim nic niezwykłego. Mamy więc tu wezwanie do solidarności, tym piękniejsze, że z nieuchronnego cierpienia, które towarzyszy nam w śmierci, powinniśmy uczynić ofiarę dla dobra wszystkich istot (*bodhiczitta*).

To niewątpliwie wielka nauka.

Ireneusz Kania

Kraków, luty 1989 – czerwiec 1993 – listopad 2004 – grudzień 2006

བར་དོ་ཐོས་གྲོལ་ཆེན་མོ།།

Bar-do t'os-grol cz'en-mo

WIELKIE WYZWOLENIE Z BAR-DO PRZEZ SŁUCHANIE

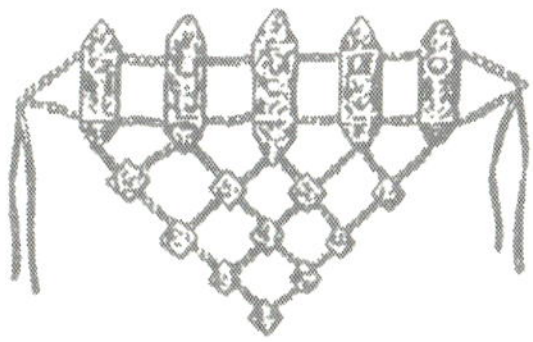

འཆི་ཁའི་བར་དོ་ཐོས་གྲོལ་ཆེན་མོ།།

Pouczenie o samowyzwoleniu się z bar-do chwili śmierci

Księga głębokiej nauki jasno przypominająca
wielkie wyzwolenie z bar-do dharmaty[1]
[spod władzy] strażników gniewnych
oraz spokojnych[2]

Pokłon wszystkim Guru, Trikaji[3],
Padmasambhawie, który pojawił się,
aby mieć w pieczy wszelkie stworzenie,
i bóstwom lotosu gniewnym oraz spokojnym,
i doskonałej sambhogakaji,
pokłon bezbrzeżnej dharmakaji Buddy Amitabhy.

Ta metoda wielkiego wyzwolenia się z bar-do, przeznaczona dla joginów o średnich zdolnościach, ma sens potrójny: wstępny, podstawowy i końcowy.

Wstępny dotyczy sposobu wyzwolenia człowieka z krwi i kości. Najpierw należy przyswoić sobie pouczenia, z których pomocą ci o najwyższych zdolnościach niezawodnie osiągają wyzwolenie. Jeśli go nie osiągną, trzeba się uciec do samowyzwolenia drogą przeniesienia świadomości[4] w bar-do chwili śmierci. Tym sposobem joginowie o przeciętnych zdolnościach niezawodnie dostępują wyzwolenia.

Gdy okaże się to niemożliwe, należy usilnie praktykować tę oto metodę osiągania wielkiego wyzwolenia z bar-do dharmaty poprzez słuchanie.

Najpierw jogin powinien uważnie obserwować wszystkie stopniowo przychodzące oznaki umierania, stosownie do samowyzwolenia [jakie chce uzyskać]. Kiedy wszystkie one są już wyraźne i niewątpliwe, należy dokonać samowyzwalającego przeniesienia świadomości. Jeśli to się uda, zbędne jest recytowanie tego *Wyzwolenia przez słuchanie*. Gdy jednak nie dochodzi do przeniesienia świadomości, trzeba głośno i wyraźnie odczytać tekst tego *Wyzwolenia przez słuchanie* obok ciała zmarłego. Jeśli ciała już nie ma, to siedząc na łożu zmarłego albo na jego krześle należy przemawiać z całą mocą prawdy i przywoływać jego świadomość wyobrażając sobie, że siedzi on naprzeciwko i słucha. Wówczas zgromadzeni bliscy, krewni i przyjaciele nie powinni wznosić żadnych głośnych okrzyków boleści ani lamentów, powinno się ich usunąć.

Jeżeli ciała nie zabrano, a tchnienie zewnętrzne[5] już ustało, to — nim ustanie tchnienie wewnętrzne — Guru zmarłego, jego brat w Dharmie[6] lub ktoś z tych, których lubił i którym ufał, powinien mu odczytać ten tekst *Wielkiego wyzwolenia*, przystawiając usta do jego ucha, lecz nie dotykając go.

Prawdziwe pouczenie o wyzwoleniu przez słuchanie.

Jeśli są możliwości, należy złożyć obfite ofiary Trzem Klejnotom[7]. Gdy możliwości nie ma, trzeba przygotować w myśli przedmiot ofiarny i obficie uzupełnić go w bezmiernej wyobraźni wzrokowej. Potem trzeba siedem albo trzy razy wyrecytować błaganie przyzywające na pomoc buddów i bodhisattwów. Następnie wypowiedzieć należy głosem dobitnym błaganie do strasznych strażników bar-do, błaganie o wyrwanie z wąskiego przesmyku bar-do i błaganie *Głównych strof bar-do*, po czym odczytać — siedmiokroć lub trzykroć, stosownie do okoliczności — ten tekst *Wielkiego wyzwolenia przez słuchanie*. Pozwala on rozpoznać trzy rodzaje bar-do: światłość bar-do chwili śmierci, wielkie i jasne widzenie w bar-do dharmaty i bar-do życia; tu stosowne wskazówki umożliwiają zamykanie bram łona.

Najpierw pouczenie o światłości bar-do chwili śmierci.

Nieraz nawet człowiek o bystrym rozumie nie potrafi jej rozpoznać. Zwykli ludzie, nawet jeśli są do tego zdolni, to przecież — z powodu słabego obeznania z praktyką medytacyjną — potrzebują wszelkiego rodzaju wskazówek. Po odczytaniu im [tekstu] rozpoznają oni główną światłość i, unikając bar-do, szybko i łatwo osiągają niezrodzoną dharmakaję.

Najlepiej, kiedy przy zmarłym będzie obecny jego główny Guru, którego prosił o pouczenie. Jeśli nie on — to brat w Dharmie zmarłego, z którym składał on śluby samaji[8]. Gdyby i jego nie było, to ktoś z braci duchowych tej samej tradycji Dharmy[9].

Jeśliby wszelako nie doszło do zetknięcia się z żadnym z nich, to ktoś umiejący dobrze recytować powinien wielokrotnie, głosem dobitnym i wyraźnym przeczytać ten tekst. Wskutek tego zmarły przypomni sobie udzielone przez Guru wskazówki, jak rozpoznawać ową jasność, i natychmiast, rozpoznawszy światłość główną, osiągnie wyzwolenie.

Czas recytacji. Gdy ustanie dech zewnętrzny, prana[10] rozpływa się w *dhuti*[11] wiedzy[12], pojawia się natomiast świetliste tchnienie nieaktywnej świadomości. Potem prana powraca, spływa do lewej i prawej *nadi*[13] i ukazuje się na ścieżkach bar-do w formie zjaw; dlatego należy kontynuować recytację, zanim prana wejdzie w lewą i prawą *nadi*. Czas, kiedy ustał już dech zewnętrzny, ale pozostał jeszcze dech wewnętrzny, trwa mniej więcej tyle, ile trzeba na zjedzenie krótkiego posiłku.

A oto sposób pouczenia; najlepiej, jeśli „wyrzucenie świadomości" nastąpi na chwilę przed ustaniem oddechu. Jeśli wszakże nie uda się to, wyrzec trzeba następujące słowa:

> „Szlachetny synu (wymienić imię), któremu teraz przyszło szukać drogi! Gdy tylko przestaniesz oddychać, pojawi się przed tobą tak zwana główna jasność pierwszego bar-do, której znaczenie wcześniej zostało ci objaśnione przez Guru! A gdy ustanie twój dech zewnętrzny, zaświta przed tobą dharmata wyrazista jak pusta przestrzeń nieba, jasna, świetlista, pozbawiona krańców i środka

— nagi, wolny od zanieczyszczeń umysł[14]. Rozpoznawaj ją wówczas i wstępuj w jej sferę! Wtedy i ja pokażę ci ją!".

Nim ustanie dech zewnętrzny, trzeba kilka razy wypowiedzieć te słowa do ucha zmarłego i wrazić mu je w umysł. Potem, na chwilę przed ustaniem tchu zewnętrznego, należy ułożyć go prawym bokiem na ziemi, w „pozycji lwa"[15], i nacisnąć mocno dwie pulsujące „żyły snu", aby nie nabrzmiewały. Wówczas prana zatrzyma się w *dhuti* i nie będzie mogła powrócić, na pewno zaś skieruje się ku otworowi Brahmy[16]. Wtedy udzielić pouczenia.

To właśnie jest tak zwane pierwsze bar-do — światłość dharmaty. Wszystkim istotom objawia się wolny od jakichkolwiek zniekształceń umysł dharmakaji.

W czasie, gdy tchnienie zewnętrzne ustaje, lecz wewnętrzne — jeszcze nie, prana rozpływa się w *awadhuti*. Zwykli ludzie powiadają, że wtedy właśnie traci się świadomość. Nie wiadomo dokładnie, jak długo to trwa; zależy to od dobrego albo złego stanu naczynia[17], od stopnia przyswojenia sobie nauk i od umiejętności skupienia się w medytacji. U tych, u których naczynie było dobre, trwać to może długo. W ich pouczanie trzeba wkładać wiele wysiłku; aż do chwili, gdy w otworach pojawi się ropny wyciek, trzeba powtarzać wskazówki. W wypadku ludzi bardzo nieprawych i o złych naczyniach czas ten nie bywa dłuższy niż pstryknięcie palcami; w niektórych innych przypadkach — niż spożycie małego posiłku. Sutry i Tantry twierdzą na ogół, że zanik świadomości trwa trzy i pół doby[18]. Skoro jest zazwyczaj tak, że nieświadomość trwa przez trzy i pół doby, to przez ten czas należy starać się pilnie o pokazanie światłości.

Sposób pouczenia. Jeśli zmarły potrafi, niech działa samodzielnie podług wyżej podanych wskazówek. Jeśli nie potrafi, niech Guru, uczeń, brat w Dharmie lub przyjaciel, duchem i umysłem złączony z nim, siądzie obok niego i recytuje wyraźnie: „Teraz ziemię wchłania woda, wodę — ogień, ogień — wiatr, wiatr — czysta świadomość". Znaki te występować będą stopniowo, a gdy się dopełnią i nastąpi zatrzymanie [oddechu], taką myśl należy powziąć: „Szlachetny synu! (albo, jeśli jest to guru:) Czcigodny mistrzu! Racz zapanować nad chwiejnym umysłem!". (Powiedzieć mu to do ucha po cichu). Jeżeli zaś jest to brat w Dharmie lub przyjaciel albo ktoś inny, zawołać go po imieniu i tak mówić:

„Szlachetny synu! Oto przyszedł na ciebie czas tego, co nazywamy śmiercią, i stoisz w jej obliczu. Dlatego myśli twoje niech będą takie: »Ach, skoro przyszedł na mnie czas śmierci i stoję w jej obliczu, to wobec tej mojej śmierci umysł swój napełniam jedynie miłością, współczuciem i bodhiczittą[19], obym dla dobra wszystkich czujących istot, podobnych w liczbie nieobjętym niebiosom, osiągnął stan buddy! I wszystko, co zaistnieje w moim umyśle, a szczególnie obecne moje myśli, niech obróci się na dobro wszelkich żywych istot. Niechaj w jasności śmierci rozpoznam dharmakaję i w jej sferze niech mi będzie dane osiągnąć najwyższe urzeczywistnienie mahamudry[20], dla pożytku wszystkich żywych istot! A jeślibym tego nie osiągnął, to obym w bar-do mógł poznać, ze jestem w bar-do. Urzeczywistniając mahamudrakaję poprzez jogę bar-do wszelkimi sposobami pragnę działać dla dobra wszelkich istot żywych, nieskończonych liczbą jak niebo!«. Nie porzucając takich właśnie rodzących się w umyśle pragnień, przypominaj sobie wcześniej otrzymane pouczenia co do praktyki medytacyjnej!".

Wypowiedziawszy te słowa wyraźnie ustami przytkniętymi do jego ucha i nie pozwalając nawet na chwilę zachwiać się jego uwadze, trzeba pilnie obserwować. Gdy zewnętrzny oddech już ustał, nacisnąć mocno „żyłę snu" i wyraźnymi słowami wyrzec: (jeśli jest to guru albo jakiś wyższy rangą od recytującego przewodnik duchowy) „Czcigodny mistrzu, oto ukazuje ci się teraz główny, najważniejszy blask, zechciej go rozpoznać! Racz obserwować go uważnie!". (Tak też trzeba pouczać wszystkich innych).

„Szlachetny synu (wymienić imię), słuchaj mnie! Oto pojawia się teraz przed tobą nieskazitelna światłość dharmaty. Rozpoznaj ją! Szlachetny synu, to co teraz postrzegasz jako świetlistą pustą istność, coś pozbawionego przymiotów takich jak kształt, kolor czy ciało — ta więc pusta świetlistość, to twój własny umysł, Dharmata Samantabhadri. Gdy zaś równocześnie z tą ukaże się druga jasność, nie zrodzona z niczego, czysta, lśniąca, wyrazista, rozedrgana — to wiedz, że jest to [twój] umysł — Budda Samantabhadra. Ten twój umysł — pusta jasność, nie utworzona z żadnej substancji, a także ten twój umysł trwający w stanie rozedrganej świetlistości — tworzą nierozerwalną całość. Niezróżnicowana jasność i pustka trwająca w wielkim snopie światła, nie znająca narodzin ni śmierci — to Budda Niezmienny Blask. Rozpoznanie go wystarczy ci [do wyzwolenia].

Gdy rozpoznasz jasną istotę własnego umysłu jako buddę, spoglądanie w głąb umysłu będzie kontemplacją buddy".

Wypowiedzieć to trzy do siedmiu razy, słowami wyraźnymi.

Pierwszy stopień: przypomnienie wcześniejszych pouczeń Guru, jak rozpoznawać. Drugi stopień: zmarły zdany jest na samodzielne rozpoznanie światłości własnego czystego umysłu. Trzeci stopień: rozpoznawszy siebie samego i połączywszy się nierozdzielnie z dharmakają, niechybnie osiąga wyzwolenie.

Tym sposobem, rozpoznawszy pierwszą światłość, zyskuje wyzwolenie. Ale jeśli zachodzi obawa, że nie rozpozna tej pierwszej światłości — pojawi się jeszcze tak zwana światłość wtórna; przyjdzie ona po ustaniu tchu zewnętrznego i upłynięciu czasu potrzebnego do spożycia małego posiłku.

Stosownie do dobrego lub złego karmana prana wpadnie do któregoś z lewych lub prawych kanałów i wyjdzie którymś z otworów; nagle pojawi się jasna świadomość. Jeśli mówimy, że trwa to tyle, ile trzeba na zjedzenie posiłku, to znaczy, że zależy to od stanu naczynia i obznajmienia z praktyką.

Wówczas świadomość zmarłego wydostaje się na zewnątrz i nie wie on już, czy umarł, czy nie. Widzi, jak przedtem, postacie bliskich, krewnych, słyszy nawet płacz i krzyki. Nie pojawiają się jednak jeszcze przeraźliwe zjawy karmiczne i jeszcze nie nadszedł wielki lęk przed Jamą, Panem Śmierci. Znów należy recytować pouczenia i wskazówki. Są dwa ich rodzaje, stosownie do stopni medytacji:

wypełnienia i wizualizacji[21]. Jeśli idzie o stopień wypełnienia — należy trzykrotnie zawołać [zmarłego] po imieniu i recytować ustawicznie podane wyżej sposoby rozpoznawania światłości. W przypadku stopnia wizualizacji należy odczytywać sadhanę[22] i opis jego jidama[23]:

„Szlachetny synu, medytuj twojego jidama! Skup swoją uwagę! Skoncentruj się na jidamie! Jego pojawiającą się formę wyobrażaj sobie jako pozbawioną samodzielnego jestestwa, niby odbicie księżyca w wodzie! Nie miej go za formę substancjalną!".

Wypowiedzieć to wyraźnie i jasno. Jeśli zmarły był prostym człowiekiem:

„Medytuj Pana Wielkiego Miłosierdzia!"[24] — Tak ma go pouczać. Po takich wskazówkach nawet ci, którzy nie rozpoznali bar-do, teraz na pewno je rozpoznają.

Jeśli za życia zmarły otrzymał wskazówki od Guru, lecz słabo był obznajmiony z praktyką medytacji, nie potrafi samodzielnie poradzić sobie w bar-do; wówczas Guru albo brat w Dharmie musi mu to objaśnić. Ale są też i tacy, którzy byli biegli w medytacji, lecz w chwili śmierci silna choroba przemogła ich i pomieszała im pamięć; takim nie pamiętającym trzeba koniecznie recytować te pouczenia. Zdarzają się też ludzie niegdyś obznajmieni z medytacją Ścieżki, ale którzy złamali śluby i zaniedbali praktyki samaji; grozi im trafienie do niższych sfer samsary[25], toteż te pouczenia są im bardzo potrzebne.

Gdyby zmarły zrozumiał w pierwszym bar-do — byłoby najlepiej; jeśli nie — wyraźna recytacja sprawi, że w drugim bar-do jego świadomość się rozbudzi, i osiągnie wyzwolenie.

W drugim bar-do świadomość człowieka, nie wiedząca, czy umarł, czy nie, nagle się rozjaśnia. Jest to tak zwane „wyraźne ciało złudne"[26]. To świadomość nie wiedząca, czy umarła, czy nie — jasna, świetlista. Wówczas, jeżeli pouczenie zostanie tak zrozumiane, spotyka się ona z dharmatą — tak jak matka spotyka się z synem — i moc karmana nie powiedzie jej na manowce. Podobnie promienie słońca zwyciężają mrok. Światłość drogi przemaga potęgę karmana i następuje wyzwolenie. Tak więc owo tak zwane drugie bar-do pojawia się na drodze „ciała umysłu", a władza poznania krąży, jak przedtem, w obszarze zmysłu słuchu. Jeśli wówczas dotrze doń pouczenie, cel zostanie zrealizowany. Nie pojawiają się jeszcze karmiczne emanacje, toteż [zmarły] może się udać dokądkolwiek zechce, wedle swej woli.

Tak więc, jeżeli nie rozpozna głównej światłości, to rozpozna jednak światłość drugiego bar-do i uzyska wyzwolenie. Jeżeli zaś i tym razem nie uzyska wyzwolenia, pojawi się przed nim tak zwane trzecie bar-do, bar-do dharmaty.

Z trzeciego bar-do wyłonią się omamy karmiczne. Wówczas bardzo ważne jest odczytywanie *Wielkiego pouczenia o bar-do dharmaty*; jego moc i korzystne działanie są ogromne.

Wszyscy bliscy płaczą wówczas, wznoszą krzyki i lamenty, zabierają mu pożywienie, ściągają zeń ubranie, zamiatają wokół łoża. Chociaż on sam ich widzi, oni go nie widzą. On słyszy, że mówią do niego, lecz oni nic słyszą jego głosu. Z sercem zasmuconym odchodzi.

Wówczas pojawiają się dźwięki, blask i promienie światła, on zaś omdlewa z potrójnego strachu, przerażenia i trwogi. Wtedy trzeba recytować *Wielkie pouczenie o bar-do dharmaty*. Zawoławszy zmarłego po imieniu, jasno i wyraźnie należy mówić te słowa:

„Szlachetny synu, natęż swoje władze i słuchaj z niezachwianą uwagą! Bar-do ma sześć form. Jakich? [Pierwsze:] bar-do własnych twoich narodzin, [drugie:] bar-do marzenia sennego, [trzecie:] bar-do głębokiej, nieporuszonej samadhi[27], [czwarte:] bar-do chwili śmierci, [piąte:] bar-do dharmaty i [szóste:] bar-do życia — razem sześć.

Szlachetny synu, tobie przypadły w udziale trzy — bar-do chwili śmierci, bar-do dharmaty i bar-do życia; pojawiają się one przed tobą.

Aż do śmierci pojawiała się przed tobą — w bar-do chwili śmierci — światłość dharmaty; nie rozpoznałeś jej właściwie, dlatego musiałeś w nim błądzić. Teraz otworzy się przed tobą dwoje bar-do: dharmaty i życia. Natężając całą uwagę, staraj się dobrze zapamiętać udzielone przeze mnie wskazówki!

Szlachetny synu, teraz oto przyszła na ciebie tak zwana chwila śmierci. Odchodzisz z tego świata na drugą stronę, ale nie jesteś w tym jedyny. Zdarza się to wszystkim. Nie pożądaj już i nie tęsknij do tego życia. Gdybyś jednak pożądał go i tęsknił do niego, nie będziesz mógł tutaj trwać; nie wyzwolisz się z ustawicznego błądzenia po kolisku samsary. Nie hołduj przywiązaniu! Nie hołduj żądzom! Postępuj myślą za Trzema Klejnotami!

Szlachetny synu, choćby w tym bar-do dharmaty stanęły przed tobą najprzeróżniejsze straszliwe i okropne zjawy, nie zapominaj tego, co ci powiedziano. Sens tych słów zakarbuj sobie dobrze w umyśle i stosownie do niego idź dalej.

Na tym polega rozpoznawanie.

»Ach, teraz oto pojawia się przede mną bar-do dharmaty! Odrzucam wszelkie gniewne, straszne i przerażające widziadła i pojmuję, że to, co widzę, to moje własne emanacje; wiem też, że w taki właśnie sposób przejawia się bar-do. W tej chwili, gdy zagraża mi to, że nie osiągnę głównego celu, nie będę poddawać się lękowi przed tłumem widziadeł spokojnych i gniewnych.« — Mówiąc te słowa głosem dobitnym i wyraźnym, pomny ich znaczenia, postępuj dalej. W ten sposób nie zapomnisz, na czym polega niezawodne rozpoznawanie wszelkich zjaw jako twych własnych emanacji.

Szlachetny synu! W chwili, gdy rozdzielają się twoje ciało i duch, ujrzysz czystą dharmatę; jej zjawa jest niewielka, jaskrawo błyszcząca. Jej połysk wprawi cię w wielki, trwożny niepokój. Pojawi się ona przed tobą na kształt roziskrzonego mirażu ponad równiną w czas letniego skwaru. Nie bój się jej! Nie trwóż się nią! Nie wpadaj w panikę! Zrozum, że jest to tylko kształt własnej twojej dharmaty.

Z wnętrza blasku wybiegnie potężny głos dharmaty — silny niby grzmot. Rozbrzmi on jak dudnienie tysiąca piorunów naraz i zahuczy rozgłośnie. Ale wiedz i zrozum, że jest to także głos własnej twojej dharmaty, i dlatego nie trwóż się nim, nie przerażaj ani nie wpadaj w panikę! Posiadasz jedynie to, co zwą «ciałem umysłowym» zakorzenionych niedobrych skłonności[28], które nie ma kształtów z krwi i mięsa. Dlatego ta trójka — dźwięk, blask i promienie — nie może ci uczynić żadnej krzywdy, nie może cię przyprawić o śmierć. Możesz je uznać po prostu za widziadła powstające w tobie samym. Wiedz, że to jest bar-do!

Szlachetny synu, jeśli nie potrafisz rozpoznać własnych emanacji, to, jakkolwiek w ludzkim świecie oddawałeś się medytacjom, teraz nie potrafisz przyswoić sobie tych pouczeń; przerażą cię te światłości, rozgniewają dźwięki, wystraszą promienie. Nie pojmiesz istoty wskazówek, nie rozpoznasz natury tych trzech — dźwięków, światłości i promieni, i nadal będziesz błąkał się w samsarze.

Szlachetny synu! Po trzech i pół dniach nieświadomości odejdziesz stąd. Ale gdy się z niej przeckniesz i będziesz pytał: »Cóż to było ze mną?« — zrozumiesz, że wszystko to jest bar-do.

Wówczas odwróci się koło samsary, wszystkie te emanacje będziesz widział jako jaśniejące formy cielesne. Cały przestwór niebios będzie jasnobłękitny i lśniący.

Wtedy ze Środkowej, Wszechobejmującej Krainy[29] wyłoni się Budda Wairoczana o ciele białej barwy, zasiadający na tronie Lwów. W dłoni dzierży on koło o ośmiu szprychach. Ukaże się w uścisku ze swoją małżonką[30], panią Przestworu Niebios. Ponieważ w rzeczywistości bytuje on w siedlisku zespołu świadomości rozróżniającej[31], błękitna światłość jest to Mądrość Dharmadhatu[32], jasna i czysta, a ów blask i lśnienie Buddy Wairoczany w uścisku z małżonką wystrzela z ich serc ku tobie, tak zaś jest mocny, że twoje oczy nie będą go mogły znieść bez cierpienia. Razem z nim zalśni ku tobie światło z dziedziny bogów — białe, bez połysku. Wówczas ty, powodowany mocą złego karmana, poczujesz wielki lęk i trwogę przed tą błękitną, połyskliwą Mądrością Dharmadhatu, i rzucisz się do ucieczki. Za to w umyśle twoim pojawi się sympatia dla owego światła białej barwy, bez połysku. Ale nie powinieneś wówczas czuć niechęci do tej najwyższej Mądrości przybranej w kolor niebieski, jaskrawy, świetlisty i połyskujący! Nie bój się jej, albowiem jest to *tathagata*[33] świetlistej Mądrości Dharmadhatu. Pełen wiary i uwielbienia oddaj mu cześć! Zanoś doń błaganie myśląc o tym, że jest to blask współczucia Buddy Wairoczany! To sam Budda Wairoczana wychodzi ci na spotkanie w wąskim przesmyku bar-do. Jest to światłość współczucia Buddy Wairoczany! Toteż nie wzbudzaj w sobie sympatii do owego światła białej barwy bez połysku, ani przywiązania, ani namiętności! Albowiem jeśli poweźmiesz do niego przywiązanie, odtąd będziesz błądzić w sferze bytu sześciodzielnego koliska samsary przeznaczonej dla bogów i stanie się to wielką przeszkodą na twej drodze do wyzwolenia. Dlatego nie patrz na to, lecz oddaj korny hołd połyskliwej, niebieskiej światłości. Skoncentruj się mocno na Buddzie Wairoczanie i wypowiedz — powtarzając za mną — to błaganie:

»Ach, gdy wskutek bezlitosnej niewiedzy błądzę tak w kręgu samsary,
zechciej mnie powieść, czcigodny Buddo Wairoczano, świetlistą drogą Mądrości Dharmadhatu!
Niechaj mnie też wspiera potężna pani, twa małżonka!
Błagam, wyswobódź mnie ze straszliwego, wąskiego przesmyku bar-do!
Wprowadź mię do przeczystej Sfery Spełnienia Buddy!«"

Wypowiedziawszy to błaganie kornie i z wielkim uwielbieniem, [zmarły] świetlistą tęczą rozpłynie się w sercach Buddy Wairoczany i jego małżonki, i stanie się sambhogakają Buddy w środkowym najwyższym niebie Akanisztha.

Ale jeśli nawet otrzymawszy pouczenie, poczuje lęk przed tym blaskiem (wskutek działania zaciemniającej mocy występków, gniewu i namiętności) i ucieknie, i jeśli pomimo zmówienia tego błagania pójdzie błędną drogą — po dwóch dniach wyjdą mu na spotkanie zastępy dewów[34] Wadżrasattwy[35] oraz złego karmana, wiodącego do piekieł. A oto pouczenie. Należy zawołać zmarłego po imieniu i wyrzec te słowa:

„Szlachetny synu, słuchaj uważnie! W drugiej dobie pojawi się białe, jasne światło żywiołu wody. Wówczas we wschodniej stronie, z błękitnego Królestwa Wielkiej Radości ukaże się Budda Akszobhja o ciele barwy niebieskiej trzymający w dłoni dordże[36] o pięciu ostrzach, siedzący na tronie słonia i złączony uściskiem ze swoją małżonką imieniem Buddhaloczana[37]. Towarzyszą im bodhisattwowie Kszitigarbha i Majtreja, mający obok siebie swe małżonki — Lasję i Puszpę, tak że ukażą się jako sześcioro buddów.

Z bytującego w siedzibie zespołu ciała[38] czystego, białego, połyskliwego światła Wiedzy Zwierciadlanej[39], z serc Wadżrasattwy i jego małżonki wystrzeli ku tobie blask, którego twoje oczy nie będą mogły znieść bez cierpienia. Razem z owym blaskiem Mądrości ukaże się poniżej światło z dziedziny piekielnej o barwie dymu, bez połysku. W tej chwili, powodowany przemożną siłą gniewu i nienawiści, poczujesz wielki lęk i trwogę przed tym lśniącym blaskiem i rzucisz się do ucieczki; za to poweźmiesz upodobanie do matowego światła z piekieł, koloru dymu. Wówczas opanuj strach przed owym białym, jasnym, czystym i lśniącym światłem, zrozum i wiedz, że jest to Mądrość. Kornie oddaj jej cześć i wzbudź w sobie wiarę, albowiem jest to blask miłosierdzia Wadżrasattwy! Oddając jej cześć pomyśl: »Oto moje schronienie« — i zanoś błagania. Sam Wadżrasattwa wyszedł ci na spotkanie w straszliwym bar-do. Żelaznym hakiem dla ciebie jest światło miłosierdzia Wadżrasattwy, przeto oddaj mu cześć i nie spoglądaj z upodobaniem na owo piekielne matowe światło barwy dymu, bo jest to pełna męki droga zaciemniających grzechów[40], nagromadzonych przez twoje silne uczucia gniewu i nienawiści. Jeśli będziesz trwał w przywiązaniu do nich, wpadniesz w siedzibę piekielną, w bagno nieznośnych udręk; gdy już w nim ugrzęźniesz, nigdy się z niego nie wydostaniesz. Dlatego jest to wielka zawada na drodze ku wyzwoleniu. Nie spoglądaj więc na nie, wyzbądź się gniewu i nienawiści, przywiązania i pożądań, lecz skieruj swe uwielbienie ku białemu, połyskliwemu i jasnemu światłu. Z całą mocą skoncentruj się na Wadżrasattwie i wypowiedz te oto słowa błagania:

»Ach, gdy tak błądzę po kolisku samsary wtrącony w nie przez
własne silne namiętności, zechciej, Wadżrasattwo,
poprowadzić mnie świetlistą drogą
Mądrości czystej, podobnej zwierciadłu!
Niechaj mnie też wspiera twoja czcigodna małżonka,
Buddhaloczana!
Wyzwól mnie, proszę, z wąskiego przesmyku straszliwego
bar-do!
Zaprowadź mię do pełnej skończonej doskonałości siedziby
buddów!«".

Po wypowiedzeniu tego błagania z wielkim uwielbieniem i czcią [zmarły] rozpłynie się świetlistą tęczą w sercu Wadżrasattwy i stanie się sambhogakają Buddy, w niebie Doskonałej Radości, na wschodzie.

Ale nawet po takim pouczeniu niektórzy, na skutek zbytniej wybujałości »ja« i skażeń występkami, poczują strach przed lśniącym żelaznym hakiem współczucia i uciekną. Dlatego trzeciego dnia zastępy dewów Buddy Ratnasambhawy wyjdą [mu] na spotkanie na świetlistej drodze do sfery człowieczej. Pouczenie jest następujące. Trzeba zawołać [zmarłego] po imieniu i przemówić doń tymi słowy:

„Szlachetny synu, słuchaj uważnie! Nadszedł oto trzeci dzień, toteż pojawi się przed tobą jaskrawe światło żywiołu ziemi. W stronie południowej, z żółtego Królestwa Chwały ukaże się Budda Ratnasambhawa o ciele żółtej barwy z drogocennym klejnotem[41] w dłoni, siedzący na tronie rumaka, złączony w uścisku ze swą małżonką Mamaki. Tak się ukaże. Otaczający go bodhisattwowie Akaśagarbha i Samantabhadra będą mieli za towarzyszki boginie o imionach Mala i Dhupa. Tak się pojawią z przestworu tęczy, blasku i światła, jako sześcioro buddów.

Budda Ratnasambhawa wraz ze swoją małżonką ukaże się w sferze zespołu doznań[42], w jaskrawożółtym blasku Mądrości

Zrównującej[43], ozdobiony drobnymi lśniącymi krążkami, a taki będzie promienisty i jaśniejący, że wzrok twój nie zniesie tego widoku. Z serca Ratnasambhawy i jego małżonki wybiegnie ku tobie, prosto do twego serca, światło, którego nie wytrzyma oko. Jednocześnie z nim do twojego serca wniknie ciemnoniebieskie bezpołyskliwe światło ze sfery ludzi. Wówczas, za sprawą zbytnio wybujałego »ja«, uczujesz wielki lęk i trwogę przed tym jaskrawym żółtym blaskiem i rzucisz się do ucieczki; tymczasem zrodzi się w tobie sympatia i przywiązanie do ciemnoniebieskiej, matowej światłości z ludzkiej sfery samsary. Nie bój się i nie trwóż tym żółtym światłem — jasnym, wyraźnym, błyszczącym i jaskrawym! Rozpoznaj w nim Mądrość! Zaraz potem spokojnie wstępuj w sferę Niedziałającej Mądrości. Poweźmij ku niej ufność i uwielbienie! Jeśli rozpoznasz w niej światłość własnego umysłu, to nawet nie oddając jej czci ani nie wypowiadając słów błagania stopisz się bez zróżnicowania ze wszystkimi tymi postaciami i światłościami, i osiągniesz oświecenie.

Jeżeli jednak nie rozpoznasz tego właśnie tak, to pomyśl, że jest to światłość miłosierdzia Buddy Ratnasambhawy i twoje schronienie. Myślą oddaj mu hołd i zmów błaganie. Ponieważ jest to lśniący żelazny hak miłosierdzia Buddy Ratnasambhawy, oddaj mu cześć.

Nie spoglądaj z upodobaniem na owo matowe ciemnoniebieskie światło z dziedziny ludzi, albowiem jest to pełna udręk droga zgromadzonych przez twoje nazbyt wybujałe »ja« złych skłonności. Jeśli ci się ona spodoba, trafisz nią do człowieczej sfery samsary i będziesz doświadczał wszelkich utrapień narodzin, starości, choroby i śmierci, i nigdy nie wydostaniesz się z samsary. To wielka zawada na drodze do wyzwolenia, a więc nie spoglądaj tam i wyzbądź się »ja«. Wyzbądź się zakorzenionych złych skłonności. Nie lgnij do nich! Porzuć pożądania! Oddaj cześć jaskrawemu, połyskliwemu żółtemu światłu! Skoncentruj się mocno na Ratnasambhawie i wypowiedz te oto słowa błagania:

»Ach, gdy tak błądzę po kolisku samsary
wtrącony w nie przez zbyt silne ›ja‹,
zechciej, Buddo Ratnasambhawo, poprowadzić mnie świetlistą drogą jasnej Mądrości Zrównującej!
Niechaj mnie też wspiera Mamaki, czcigodna twoja małżonka!
Wyzwól mnie, proszę, z wąskiego przesmyku straszliwego bar-do!
Zaprowadź mię do pełnej skończonej doskonałości siedziby buddów!«".

Wypowiedziawszy te błagania z wielką pokorą i uwielbieniem [zmarły] świetlistą tęczą rozpłynie się z sercach Buddy Ratnasambhawy i jego małżonki, i stanie się sambhogakają Buddy w stronie południowej, w Królestwie Chwały.

Po takich pouczeniach nawet człowiek słabych sił bez wątpienia osiągnie wyzwolenie. Ale jeśli nawet po wielekroć bywał tak pouczany, lecz wskutek wielkich przewin i porzucenia ślubów samaji wyczerpał swoje korzystne możliwości — mimo wszystko teraz nie rozpozna właściwie; miotany mocą namiętności oraz skażeń od przewin poczuje strach przed dźwiękami i światłością, i zacznie uciekać.

Czwartego dnia jednak tłum dewów Amitabhy wyjdzie mu na spotkanie na świetlistej drodze do sfery pretów, zgłodniałych upiorów — utworzonej przez karmana płynącego z namiętności i zawiści. Pouczenie jest takie: Trzeba zmarłego zawołać po imieniu i przemówić doń w te słowa:

„Szlachetny synu, słuchaj uważnie! Nadszedł oto czwarty dzień, więc pojawi się przed tobą jako jaskrawy, wyraźny płomień, czerwone światło żywiołu ognia. Wówczas w stronie zachodniej, z czerwonego obszaru nieba Sukhawati[44], wyłoni się Budda Amitabha o ciele barwy czerwonej, z lotosem w dłoni, siedzący na tronie pawia i złączony uściskiem ze swoją najwyborniejszą małżonką imieniem Pandarawasini[45]. Tak się ukaże. Obok będzie miał bodhisattwów Awalokiteśwarę i Mańdżuśri, ich zaś towarzyszkami będą boginie Gita i Aloka, z tęczowego przestworu ukażą się jako sześcioro buddów. Bytuje on w sferze zespołu świadomości[46], w świetliście czerwonym i jaskrawym blasku Mądrości Rozróżniającej[47], zdobnej w drobne, kolorowe krążki. Jest jasny, świetlisty, lśniący i promienny.

Z serc Buddy Amitabhy i jego małżonki wybiegnie ten blask ku twemu sercu i wniknie w nie, a żadne oko go nie wytrzyma. Niechaj cię on nie przeraża! Kiedy wespół z tym światłem Mądrości pojawi się żółta, matowa poświata pretów, nie obdarzaj jej swoją życzliwością! Porzuć przywiązanie do niej!

Wtedy, skutkiem działania potężnych mocy pożądań i namiętności, poczujesz trwogę przed owym czerwonym, jaskrawym i lśniącym światłem, i rzucisz się do ucieczki. Natomiast zrodzi się w tobie upodobanie i przywiązanie do matowożółtej poświaty pretów. W owej chwili winieneś w tym jaskrawym, lśniącym czerwonym świetle rozpoznać Mądrość, i nie bać się jej. Zaraz po tym spokojnie wstępuj w strefę Niedziałającej Mądrości i kornie oddaj jej cześć. Jeśli rozpoznasz w niej światłość własnej mądrości, to nawet nie oddając jej czci ani nie wypowiadając słów błagania stopisz się bez zróżnicowania ze wszystkimi tymi postaciami i światłościami, i osiągniesz oświecenie. Jeżeli wszelako nie rozpoznasz jej tak właśnie, to pomyśl, że jest to światłość miłosierdzia Buddy Amitabhy i twoje schronienie. Myślą oddaj mu hołd i zmów błaganie; jest to blask żelaznego haka miłosierdzia Buddy Amitabhy. Oddaj mu kornie cześć, nie uciekaj! Ale choćbyś i uciekł, pozostaniecie nierozdzielni. Nie obawiaj się! Nie zwracaj swej sympatii ku owemu matowemu, żółtemu światłu pretów, albowiem jest to nader przykra droga zgubnych skłonności zgromadzonych przez twoje zbyt silne żądze i przywiązania. Jeśli ci się ona spodoba, stoczysz się po niej w sferę pretów i będziesz doświadczał wszelkich nieznośnych udręk głodu i pragnienia. Jest to wielka przeszkoda na drodze do wyzwolenia, a więc nie przywiązuj się do niej i porzuć złe skłonności! Nie lgnij do nich! Oddaj cześć jaskrawemu, połyskliwemu czerwonemu światłu, skoncentruj się na Buddzie Amitabha w uścisku z małżonką i wypowiedz te oto słowa błagania:

»Ach, gdy tak błądzę po kolisku samsary,
wtrącony w nie przez zbyt silne pożądania,
zechciej, Buddo Amitabho, poprowadzić mnie
świetlistą drogą jasnej Mądrości Rozróżniającej!
Niechaj mnie wspiera Pandarawasini, twoja małżonka!
Wyzwól mnie, proszę, z wąskiego przesmyku straszliwego
bar-do!
Zaprowadź mię do pełnej najdoskonalszej rozkoszy
siedziby buddów«".

Wypowiedziawszy to błaganie z wielką pokorą i uwielbieniem, [zmarły] rozpłynie się świetlistą tęczą w sercach Buddy Amitabhy i jego małżonki, i w stronie zachodniej, w dziedzinie nieba Sukhawati, stanie się sambhogakają Buddy.

Postępując tak, nie sposób nie osiągnąć wyzwolenia. Skutkiem jednak hołdowania za życia złym skłonnościom i nawykom zmarły nie potrafi się ich wyzbyć bez reszty, toteż zły karman i zawiść sprawią, że zrodzi się w nim złość i lęk przed dźwiękami oraz światłem, tak że nie ułowi go żelazny hak miłosierdzia. Dlatego będzie się błąkał tam, gdzieś na dole, aż do piątego dnia.

Wtedy wyjdzie mu na spotkanie skąpany w blasku miłosierdzia tłum dewów Buddy Amoghasiddhi, kroczący jasną drogą asurów (nie-bogów), zbudowaną z zazdrości i udręki. Trzeba zmarłego zawołać po imieniu i wyrzec te słowa:

„Szlachetny synu, słuchaj uważnie! Piątego dnia ukaże ci się zielone światło czystego żywiołu wiatru, w stronie północnej zaś, z zielonego obszaru nieba Najwyższych Pięter, wyłoni się czcigodny Budda Amoghasiddhi, pan ze swoją świtą. Ciało jego jest barwy zielonej, w dłoni dzierży skrzyżowany podwójny dordże. Zasiada na tronie garudy Szang-Szang[48], złączony w uścisku ze swoją małżonką, Samajatarą. Tak się ukaże, a obok niego dwaj bodhisattwowie — Wadżrapani i Sarwaniwaranawiskambhin. Ich towarzyszkami są boginie Gandha i Naiwedja. Ukażą się z tęczowego świetlistego przestworu jako sześcioro buddów.

To jaskrawe, zielone światło, bytujące w sferze zespołu wytworów[49] jest zielonym lśniącym światłem Mądrości Czynnej i Wykonującej[50]; jej ostry połysk wzbudza niepokój. Z serc Buddy Amoghasiddhi i jego małżonki, zdobnych w różnokolorowe krążki, wystrzeli ku tobie i wniknie w twoje serce ów blask nieznośny dla oczu. Nie lękaj się go, albowiem jest to gra twego własnego umysłu, przeto wstępuj w sferę wielkiego, nieporuszonego skupienia, wolnego od wszelkich dalszych i bliższych więzów namiętności i nienawiści.

Jednocześnie z tym światłem Mądrości pojawi się przed tobą pozbawiona lśnienia, czerwona poświata z siedziby asurów, której źródłem jest zazdrość. Medytuj nad nią z zupełną obojętnością, wyzbyty namiętności i gniewu. Jeśliś słaby umysłem, nie obdarzaj jej życzliwością.

Wówczas, za sprawą przemożnej siły zazdrości, poczujesz strach przed tym jaskrawym, lśniącym zielonym blaskiem, i zaczniesz uciekać; za to poweźmiesz gorącą skłonność ku matowej, czerwonej poświacie z siedziby asurów. W owej chwili powinieneś w jaskrawym, jasnym, błyszczącym świetle rozpoznać własną mądrość i porzucić lęk przed nią. Zaraz po tym spokojnie wstępuj w sferę Niedziałającej Mądrości Transcendentalnej[51], albowiem jest to światłość miłosierdzia Buddy Amoghasiddhi, twoje schronienie. Myślą oddaj mu kornie hołd i zanoś błagania. Ponieważ jest to tak zwana Mądrość Czynna i Wykonująca, lśniący żelazny hak miłosierdzia Buddy Amoghasiddhi, oddaj jej cześć i nie uciekaj! Lecz gdybyś nawet uciekł, pozostaniecie nierozdzielni. Nie lgnij do pozbawionej blasku światłości asurów, bowiem jest to pełna udręk droga karmana nagromadzonego przez twoją nadmierną zazdrość. Jeśli ją sobie upodobasz, wpadniesz do sfery bytu asurów, gdzie znosić będziesz niewypowiedziane katusze kłótni, walki i współzawodnictwa. Wielka to przeszkoda na drodze do wyzwolenia, więc nie lgnij do tej drogi karmana i odrzuć złe skłonności i nawyki! Odrzuć namiętności! Oddaj kornie cześć i uwielbienie zielonemu, jaskrawemu światłu, całą mocą skoncentruj się na Buddzie Amoghasiddhi i jego małżonce, i wypowiedz to oto błaganie:

»Ach, gdy tak błądzę po kolisku samsary,
wtrącony w nie przez własną nazbyt silną zazdrość,
zechciej, Buddo Amoghasiddhi, poprowadzić mnie
świetlistą drogą jasnej Mądrości Czynnej i Wykonującej!
Niechaj mnie też wspiera najwyborniejsza twa małżonka
Samajatara!
Wyzwól mnie, proszę, z wąskiego przesmyku straszliwego
bar-do!
Zaprowadź mnie do pełnej najdoskonalszej rozkoszy
siedziby buddów!«".

Wypowiedziawszy to błaganie z wielką pokorą i czcią, [zmarły] rozpłynie się świetlistą tęczą w sercach Buddy Amoghasiddhi i jego małżonki, w północnej zaś stronie, w obszarze nieba Skończonej Doskonałości, stanie się sambhogakają Buddy.

Jeśli zmarły, otrzymawszy tak wielokrotne i wielostopniowe wskazówki przyswoi sobie choćby jedną i rozpozna choćby raz, to — nawet pomimo osłabnięcia pomyślnej siły zasług dobrego karmana — musi dostąpić wyzwolenia.

Ale pomimo otrzymania wielokrotnych pouczeń, skutkiem wielkiego mnóstwa złych skłonności i nawyków, jakim hołdował za życia, i nieobznajmienia z jasną i czystą Wiedzą[52] — ta moc złych skłonności będzie ciągnąć go wstecz. Nie ułowi go błyszczący jasno żelazny hak miłosierdzia; napełni go lęk i trwoga przed tą jasnością, więc będzie błędnie podążał w dół.

Potem, szóstego dnia, pojawi mu się jednocześnie wszystkich pięcioro buddów z małżonkami i orszakami. Razem też zajaśnieje owych sześć światłości z sześciu sfer samsary.

Oto pouczenie. Należy zawołać zmarłego po imieniu i te wyrzec słowa:

„Szlachetny Synu, słuchaj uważnie! Aż do wczoraj pojawiało się przed tobą, każda z osobna, pięć rodzajów jasności. Wbrew udzielonym ci wskazówkom moc złych skłonności i nawyków sprawiła, że przejęły cię one zaślepieniem i lękiem, dlatego aż do wczoraj błąkałeś się po manowcu. Gdybyś był rozpoznał owych pięć rodzajów blasku Mądrości jako twoje własne emanacje, to w postaci którejś z pięciu rodzajów światłości rozpłynąłbyś się świetlistą tęczą i stałbyś się sambhogakają Buddy. Ale skoro nie rozpoznałeś, błąkasz się tutaj. Patrz więc uważnie!

Teraz wyjdzie ci na spotkanie pięć rodzajów doskonałych światłości oraz zjawy tak zwanych czterech połączonych Mądrości. Rozpoznaj je! Szlachetny synu, oto pod postacią czterech jaskrawych kolorowych jasności ukażą ci się cztery żywioły. Pośrodku, z obszaru nieba Wszechobejmującego Kręgu, ukaże się w postaci *jab-jum* Budda Wairoczana, jak to wcześniej powiedziano. Od strony wschodniej, z obszaru Nieba Zupełnej Radości ukaże się Budda Wadżrasattwa w postaci *jab-jum*, wraz ze swoim orszakiem. W stronie południowej, z nieba Chwały, ukaże się w postaci *jab-jum* Budda Ratnasambhawa ze swoim orszakiem. Po stronie zachodniej, z obszaru nieba Sukhawati, zbudowanego piętrami na kształt lotosu, ukaże się Budda Amitabha w postaci *jab-jum* ze swoim orszakiem. Po stronie północnej, z obszaru Nieba Najwyższej Doskonałości, ukaże się Budda Amoghasiddhi w postaci *jab-jum* ze swoim orszakiem; wychynie on przed tobą ze świetlistej tęczy.

Szlachetny Synu, dalej, za tymi pięcioma *jab-jum* Buddów, bram pilnują potężni gniewni strażnicy: Zwycięski[53], Pan Śmierci[54], Koński Grzbiet[55], Wężowy Splot Nektaru[56] oraz strażniczki: Dzierżąca Żelazny Hak[57], Dzierżąca Arkan[58], Dzierżąca Łańcuch[59], Dzierżąca Dzwonek[60], a także mędrcy: siedziby bogów Indra, asurów — Wemaczitra, ludzi — Śakjasimha, zwierząt — Dhruwasimha, pretów — Dżwalamukha oraz piekieł — Dharmaradża. Ukażą się one w postaciach sześciu mędrców Buddy. Ukaże się też w postaci *jab-jum* Budda Samantabhadra i Samantabhadri — wspólny przodek duchowy wszystkich buddów.

Gdy tłum czterdziestu dwu dewów sambhogakaji wychynie z wnętrza twego własnego serca, to — ponieważ ukazuje się on tobie — rozpoznaj go jako twoją własną czystą emanację.

Szlachetny synu! Wszystkie te obszary i królestwa niebios nie znajdują się w żadnym miejscu; w rzeczywistości są to cztery strony twego własnego serca i jego centrum. Teraz zjawy te wychodzą na zewnątrz z głębi twego serca i ukazują ci się. Nie wyłaniają się one z żadnego innego miejsca, przeto rozpoznaj w nich odwieczną, zręczną grę twego umysłu!

Szlachetny synu! Te postacie nie będą ani bardzo wielkie, ani bardzo małe; we wszystkich swoich częściach będą proporcjonalne. Każda z nich będzie mieć właściwe sobie wspaniałe szaty, kolor, pozę, mudrę i tron. Postacie owe rozmieszczone są w pięć par, każdą zaś z nich otacza aureola światłości. Szlachetni bodhisattwowie wybrani przez Ojca i ich szlachetne odpowiedniki żeńskie wybrane przez Matkę ukażą się wszystkie jednocześnie, jako doskonała mandala. Rozpoznaj je jako twego jidama!

Szlachetny synu, z serc tych pięciu grup *jab-jum* wybiegnie prosto ku twojemu sercu cienka jak nić, jasna i lśniąca niby promień słońca światłość zespolonych czterech Mądrości. Najpierw serce Wairoczany połączy z twoim — niby tkanina — biały, połyskliwy, błyszczący i jaskrawy promień Wiedzy Dharmadhatu, wywołujący niepokój. Wewnątrz tej tkaniny świeci biały krążek, bardzo jasny i jaskrawy, niby dno zwierciadła. Ukaże się on w otoczeniu podobnych sobie drobnych krążków i plamek, nie będzie miał środka ani obwodu.

Z serca Wadżrasattwy wyłoni się Wiedza Zwierciadlana barwy niebieskiej, jasna; na jej tkaninie będą widnieć, jako ozdoby, niebieskie krążki w kształcie odwróconej do góry dnem miseczki mniszej z lapis-lazuli.

Z serca Ratnasambhawy wyłoni się żółte, jaskrawe i błyszczące światło Mądrości Zrównującej; jej tkanina zdobna jest w krążki żółte o kształcie miseczki mniszej ze złota, odwróconej do góry dnem.

Z serca Amitabhy wyłoni się czerwony, jaskrawy blask Mądrości Rozróżniającej, jej tkanina ozdobiona jest świetlistymi czerwonymi krążkami o kształcie niby odwróconej do góry dnem miseczki mniszej z korala. Jego barwa jest głęboką barwą Mądrości, połyskliwy jest i lśniący, zdobny w pięciorakie krążki podobne do niego. Ukażą się one jako nie mające obwodu ani środka.

Ukaże się też połączenie między tym kształtem a twoim sercem.

Szlachetny synu, wszystkie one są formami powstałymi ze zręcznej gry twego własnego umysłu, nie wywiodły się z niczego innego. Nie miej dla nich sympatii, nie żyw też przed nimi obawy; spokojnie wstępuj w sferę myślenia bezrefleksyjnego[61]. Tam wszystkie owe postacie i światła roztopią się w tobie i osiągniesz oświecenie.

Szlachetny synu, zielony blask Mądrości Czynnej i Wykonującej nie ukaże ci się, nie dopełniła się bowiem jeszcze swobodna gra twej własnej mądrości.

Szlachetny synu, wszystkie one są jakoby zwidami poczwórnej Mądrości i stanowią to, co nazywamy »podziemną drogą Wadżrasattwy«. Wówczas musisz sobie przypomnieć wskazówki i pouczenia, udzielone ci wcześniej przez Guru. Jeżeli przypomnisz sobie ich sens, napełni cię ufność do wszystkich owych widzianych uprzednio zwidów, i będzie to jakby spotkanie matki z synem albo z przyjacielem z dawnych lat — rozpoznasz go, zaledwie go zoczysz, wszelkie wątpliwości rozwieją się. Gdy zrozumiesz, że zwidy te od ciebie samego pochodzą, wstąpisz na jasną, niezmienną drogę dharmaty. Skutkiem tej ufności zrodzi się w tobie nieporuszona samadhi i roztopiwszy się w kształcie wielkiej, spontanicznej Mądrości staniesz się sambhogakają Buddy, tak że już nie powrócisz [do samsary].

Szlachetny synu, razem ze światłością Mądrości zaświta przed tobą sześć rodzajów niewyraźnego, zwodniczego blasku. Jakich sześć? Pierwsze — białe, bezpołyskliwe światło z dziedziny bogów; drugie — czerwone, bezpołyskliwe światło z dziedziny asurów; trzecie — niebieskie, bezpołyskliwe światło z dziedziny ludzi; czwarte — zielone, bezpołyskliwe światło z dziedziny zwierząt; piąte — żółte, bezpołyskliwe światło z dziedziny pretów; szóste — popielate, bezpołyskliwe światło z dziedziny piekielnej. Towarzyszyć one będą owym wyraźnym jaskrawym światłościom Mądrości. Nie wolno ci wówczas obdarzać swym przywiązaniem i sympatią żadnego z nich, lecz wstępuj spokojnie w sferę bezrefleksyjnej świadomości.

Jeżeli jednak przerazi cię jaskrawe światło Mądrości, pociągnie zaś mętna poświata sześciu sfer samsary, to obleczesz się w ciało jednego z sześciu rodzajów jej mieszkańców i bez końca będziesz błądził po rozległym oceanie cierpień i udręk, aż całkiem opadniesz z sił.

Szlachetny synu, jeżeli nie otrzymałeś pouczeń i wskazówek od Guru, w obliczu tych wszystkich postaci i światłości Mądrości poczujesz lęk i trwogę, a w zamian poweźmiesz sympatię do niewyraźnego poblasku samsary. Staraj się tego uniknąć, oddaj kornie cześć wszystkim owym jaskrawym i błyszczącym, jasnym światłościom Mądrości! Oddaj im hołd myśląc tak: »Jest to światłość Mądrości, miłosierdzia pięciu Tathagatów, którzy przybyli, aby mnie podtrzymać; oni są moim schronieniem«. Tak więc nie zwracaj się życzliwie ani nie lgnij do tych sześciu zwodniczych światłości, lecz skoncentruj się całą mocą na pięciorgu *Jab-Jum* i przemów w te słowa:

»Ach, gdy tak błądzę w kolisku samsary,
wtrącony w nie przez pięć straszliwych trucizn[62],
zechciejcie, o Buddowie pięciu rodzin, być mi przewodnikami
na świetlistej drodze czterech Zespolonych Mądrości!
Niech mnie też wspierają najwyborniejsze Matki pięciu rodzin!
Wyrwijcie mnie z jasnej drogi wiodącej do sześciu
nieczystych sfer samsary!
Wyrwijcie mnie z wąskiego przesmyku straszliwego bar-do!
Zaprowadźcie mnie, proszę, do pięciorakiej, czystej i wzniosłej
dziedziny buddów«".

Wypowiedziawszy to błaganie, i poznawszy, że te pojawy są tylko własnymi jego emanacjami, doskonały osiąga niedwoistość i razem stan buddy. Jeśli jest średnich zdolności, mocą wielkiej pokory pojmie to wszystko sam i osiągnie wyzwolenie. Nawet ludzie o małych zdolnościach za sprawą szczerego i czystego błagania osiągną to, że wejścia do sześciu sfer samsary zamkną się przed nimi, a poprzez kontemplowanie poczwórnej Mądrości uzyskają oświecenie, postępując „podziemną ścieżką Wadżrasattwy".

Osiągnąwszy w ten sposób uspokojenie i rozpoznawszy jasno większość sfer bytu, wielu dostępuje wyzwolenia. Ostatecznie jednak ci o najsłabszych zdolnościach, mimo iż otrzymali wskazówki i objaśnienia, nie potrafią prawidłowo rozpoznać wskutek tego, że pobłądzili z winy złego karmana pochodzącego z nieprawego życia, nieobznajmienia z Dharmą, przebywania w barbarzyńskim otoczeniu i sprzeniewierzenia się swym ślubom samaji. Dlatego wejdą do niskiej sfery samsary i długo będą w niej błądzić.

Siódmego dnia z jasnego przestworu niebios Czystej Przestrzeni wyjdzie mu na spotkanie tłum widjadharów[63]; jednocześnie otworzy się jasna droga wiodąca do dziedziny zwierząt, powstała ze skażenia głupotą i bezmyślnością. Wówczas znów trzeba dać pouczenie. Zawołać zmarłego po imieniu i przemówić doń tak:

> „Szlachetny synu, słuchaj uważnie! Siódmego dnia ukaże ci się różnokolorowy blask sfery złych skłonności i nawyków. Z jasnego obszaru nieba Czystej Przestrzeni wyjdą ci tłumnie na spotkanie widjadharowie. Pośrodku spowitej tęczowym blaskiem mandali ukaże się niezrównany, całkowicie karmicznie dojrzały widjadhara imieniem Lotosowy Potężny Pan Tańca[64]. Jego ciało mieni się pięcioma barwami. Oplata je swoim ciałem czerwona dakini[65]. Tańcząc trzyma on krzywy miecz i czaszkę pełną krwi, czyni gesty i spogląda w niebo.
>
> Po wschodniej stronie mandali ukaże się widjadhara imieniem Zamieszkały w Dziesięciu Krainach[66] o ciele w kolorze białym, z roześmianą miną; oplata się wokół niego biała dakini. Tańcząc

trzyma w dłoniach zakrzywiony miecz oraz czaszkę pełną krwi, czyni gesty i spogląda w niebo.

Po stronie południowej mandali ukaże się widjadhara imieniem Władca Życia o ciele barwy żółtej, bardzo urodziwy; oplata się wokół niego żółta dakini. Tańcząc trzyma w dłoniach zakrzywiony miecz oraz czaszkę pełną krwi, czyni gesty i spogląda w niebo.

Od strony zachodniej mandali ukaże się widjadhara imieniem Mahamudra o ciele barwy czerwonej, z roześmianą miną. Oplata się wokół niego czerwona dakini. Tańcząc trzyma krzywy miecz i czaszkę pełną krwi, czyni gesty i spogląda w niebo.

Od strony północnej mandali ukaże się widjadhara imieniem Samoistnie Zrodzony[67] o ciele barwy zielonej, z obliczem wykrzywionym w grymasie gniewu. Oplata się wokół niego zielona dakini. Tańcząc trzyma krzywy miecz i czaszkę pełną krwi, czyni gesty i spogląda w niebo.

Widjadharom tym towarzyszyć będą ukazujące się stopniowo nieprzebrane tłumy dakiń: Dakinie Ośmiu Cmentarzy, Dakinie Czterech Sfer, Dakinie Trzech Siedzib, Dakinie Dziesięciu Stron Świata, Dakinie Dwudziestu Czterech Krain — oraz mocarze i ich orszaki, wśród bicia w bębenki; nadto opiekunowie i opiekunki Dharmy, wszystkie przybrane w sześć rodzajów ozdób z kości. Przy wtórze muzyki bębnów, fletów z piszczeli, damaru[68], niosąc furkoczące proporce ze skóry bydląt, baldachimy i frędzle z ludzkiej skóry, wśród dymu ze smażących się ludzkich ciał i różnorakiej muzyki cały ten tłum napełni wszystkie zakątki świata falując, zataczając się i trzęsąc. Od dźwięków tego grania aż pęka głowa. Tańcząc i pląsając na różne sposoby kroczą one na spotkanie — zacnemu, by go powitać, nieprawemu, by go ukarać.

Szlachetny synu, z serc tych pięciu głównych widjadharów wysnuje się i wniknie wprost do twojego serca jaskrawa, jasna i wielobarwna jakby nić — jej blask jest nieprzyjemny — subtelna, falująca, wijąca się i mieniąca pięcioma barwami, nić jasnej Mądrości, zrodzonej samoistnie w sferze nieświadomych nawyków i skłonności. Jest ona jasna, błyszcząca tak mocno i jaskrawo, że oko tego znieść nie może. Razem z nią, obok, pojawi się zielone matowe światło pochodzące z dziedziny zwierząt — razem z blaskiem Mądrości. Wówczas, skutkiem zwodniczej mocy złych nawyków i skłonności, zrodzi się w tobie lęk przed tą pięciobarwną światłością, i zaczniesz uciekać, i poweźmiesz upodobanie do matowej poświaty z dziedziny zwierząt. Nie powinieneś się jednak obawiać tego jaskrawego, pięciobarwnego światła! Nie lękaj się go! Zrozum, że jest to Mądrość!

Z wnętrza tego blasku dobywać się będą głośne dźwięki, jakoby grzmot tysiąca piorunów, potężne dudnienie i szum. Będzie to jakby rozlegający się dźwięk potężnej mantry. Nie bój się go! Nie lękaj się go! Nie uciekaj przed nim! Wiedz, że jest to tylko zręczna gra twego własnego umysłu! Nie lgnij do owego bezpołyskliwego zielonego światła z dziedziny zwierząt! Jeśli bowiem znajdziesz w nim upodobanie, wpadniesz do mrocznej sfery zwierząt, aby bez końca cierpieć tam nędzę głupoty, otępienia i poddaństwa, i nigdy nie będziesz mógł się z niej wydostać! Przeto nie powinieneś skłaniać się ku niej!

Za to oddaj kornie cześć pięciobarwnej, jaskrawej światłości. Z całą mocą skoncentruj się na tłumie zwycięskich widjadharów, boskich nauczycieli. Wszyscy oni, wraz z tłumem mocarzy i dakiń, wychodzą ci na spotkanie w niebie bodhisattwów. »Ach, czcigodni, wszechwiedzący, i ja — tak nędzna istota, bez zasługi! Niestety, nie zagarnęła mnie jeszcze ostatecznie światłość miłosierdzia tłumu dewów towarzyszących pięciu Tathagatom trzech czasów! Toteż wy, tłum boskich widjadharów, odtąd nie opuszczajcie mnie już, pochwyćcie mnie żelaznym hakiem miłosierdzia i — proszę — natychmiast prowadźcie prosto do czystych dziedzin nieba bodhisattwów!« — tak powiedz.

Skupiwszy się z całą mocą, wypowiedz to oto błaganie:

»Wejrzyjcie na mnie łaskawie, o widjadharowie, zechciejcie
z wielką życzliwością prowadzić mię dalej!
Teraz, gdy błądzę po kolisku samsary, wtrącony w nie przemożną
mocą złych nawyków i skłonności,
Zechciejcie, o potężni widjadharowie i mocarze, powieść mnie
świetlistą drogą samoistnej, jasnej wiedzy!
Niechaj mnie też wspiera tłum najwyborniejszych dakiń;
wyrwijcie mnie z wąskiego przesmyku straszliwego bar-do
i powiedźcie do czystej dziedziny bodhisattwów!«".

Wypowiedziawszy słowa tego błagania z wielką czcią i pokorą, [zmarły] rozpłynie się świetlistą tęczą w sercach widjadharów i niezawodnie odrodzi się w czystym niebie bodhisattwów. Stąd i wszyscy szlachetni kaljanamitrowie[69], rozpoznawszy [światłość] w ten sposób, osiągną wyzwolenie, i to niezawodnie, choćby nawet obciążeni byli złymi nawykami i skłonnościami.

To, co powiedziano dotąd, było pouczeniem dotyczącym rozpoznawania światłości w bar-do chwili śmierci oraz pouczeniem dotyczącym wielkiego wyzwolenia się z bar-do dobrotliwych bóstw dharmaty. Jest to koniec tej księgi.

Ithi Samaja Rgja Rgja Rgja[70]

ཆོས་ཉིད་ཀྱི་བར་དོ་རང་གྲོལ་ཆེན་མོ།།

Pouczenie o samowyzwoleniu się z bar-do dharmaty

Obecnie zostanie opisany sposób, w jaki objawia się bar-do gniewnych bóstw.

Wyżej opisany przesmyk spokojnego bar-do miał siedem stopni. Stosownie do tego i do odpowiednich dla każdego stopnia pouczeń [zmarły], jeśli nawet nie rozpoznał właściwie wszystkich, lecz choćby tylko jeden — osiąga bezmiernie wielkie wyzwolenie.

Wielorakie może być wyzwolenie. Wielka jest liczba różnych istot żywych, wielka jest ilość złego karmana, nieprzebrane jest mnóstwo kalających występków, długowieczne są zakorzenione złe skłonności i nawyki. Ale ponieważ ten kołowrót niewiedzy ani nie rośnie, ani się nie zmniejsza, większość [zmarłych] nie osiąga wyzwolenia, nawet po dokładnym wysłuchaniu szczegółowych pouczeń, i błędną drogą dąży w dół.

Z tej przyczyny bóstwa spokojne, widjadharowie i dakinie w sromocie ustępują, po czym pojawiają się znów, przemienione w całkiem innego wyglądu bóstwa gniewne, jarzące się blaskiem, krwiożercze; ukaże się ich pięćdziesiąt osiem. Jest to bar-do gniewnych bóstw, przeto [zmarły] idzie tu w moc strachu, trwogi i paniki; rozpoznawanie jest tutaj trudne. Ponieważ siły jego umysłu są słabe, szybko z nich opadnie i dotrze do horyzontu, toteż jeśli zachował choćby niewielką zdolność rozumienia, wyzwolenie przyjdzie mu bez trudu. Dlaczego? — może ktoś spytać. Otóż ponieważ pojawiają się zwidy strachu, trwogi i złości, umysł nie ma czasu na roztargnienie, więc koncentruje się intensywnie. Oto i przyczyna. Jeśli w takiej chwili nie dochodzi do zrozumienia wymienionych wyżej pouczeń, to nawet gdyby ktoś miał wiedzę rozległą jak ocean, nie uzyska z niej tutaj żadnego pożytku. Nawet wielki znawca reguł *winaji*[1], nawet wielce biegły w filozofii nauczyciel będzie tutaj zwodzony i nie potrafi właściwie rozpoznać bar-do, toteż wpadnie w błędne kolisko samsary.

Najwięcej wszelako jest ludzi pospolitych; ci uciekają przed trwogą, lękiem i złością i wpadają w czeluść, gdzie stają się łupem cierpień. Inaczej jogin obznajmiony z Tajemnymi Mantrami[2]; choćby był z najpospolitszych ludzi, to przecież ujrzenie tłumu krwiożerczych bóstw jest dla niego jak spotkanie kogoś dobrze znanego od dawna — rozpoznaje w nich swojego jidama i napełnia go to ufnością; roztapia się w niedwoistości i osiąga stan buddy. Albowiem istotą osiągania wyzwolenia jest rozpoznawanie w tych właśnie pojawiających się tu ciałach, postaciach i kształtach tychże samych krwiożerczych bóstw, które w świecie ludzkim były przedmiotem rozmyślań i medytacji, ofiar i hołdów, które wyobraża się na wizerunkach malowanych, rzeźbionych i innych. Toteż gdy umierają ludzie za życia w człowieczym świecie choćby i bardzo biegli w regułach *winaji* albo wielcy mistrzowie subtelnej filozofii, i nawet bardzo pilnie praktykujący Dharmę oraz zręczni w jej głoszeniu — ich śmierci nie towarzyszą cudowne znaki jak relikwie, tęcza czy też szkliste kulki[3]. Za życia nie przyswoili sobie Tajemnych Mantr, co więcej, odnosili się do nich z pogardą i lekceważeniem, toteż skutkiem tego, że nie byli obznajmieni z rozlicznymi bóstwami Tajemnych Mantr, nie mogą rozpoznać ich w bar-do, gdy się przed nimi pojawiają. Ujrzawszy je nagle, a nie widziawszy nigdy przedtem sądzą, że oto zbliżają się do nich wrogowie, więc odczuwają trwogę i nienawiść, i dlatego staczają się w niższe sfery bytu. Z tej przyczyny ludzie, choćby nie wiem jak biegli w subtelnej filozofii, lecz nie obznajmieni z Tajemnymi Mantrami, umierają pozbawieni znaków takich jak relikwie, szkliste kulki czy blask tęczy. Rzecz to bardzo znamienna.

Natomiast ludzie hołdujący Tajemnym Mantrom, choćby i najpospolitsi z pospolitych, nie pochodzący ze znakomitych rodów, nieuczeni, nawet jeśli postępowali szkaradnie, w niezgodzie z moralnością, nawet jeśli nie byli w stanie dokładnie przyswoić sobie owych Mantr — to jednak nie przyjmą błędnej postawy ani nie powezmą wątpliwości; właśnie dlatego, że czcili Tajemne Mantry, osiągną tutaj wyzwolenie. I jeśli nawet niepiękna była droga ich postępowania w ludzkiej sferze bytu, to w chwili śmierci towarzyszyć im będą znaki — jak na przykład relikwie lub świetlista tęcza, albowiem Tajemne Mantry zapewniają bardzo wiele błogosławieństw.

Obznajmiony z Tajemną Mantrą jogin o średnich nawet zdolnościach, który oddawał się recytowaniu Mantry Serca[4] oraz praktykował dwustopniową medytację, nie musi potem błądzić po czeluściach bar-do dharmaty; zaraz gdy wyda ostatnie tchnienie, widjadharowie, mocarze i dakinie z całą pewnością zaprowadzą go do czystej sfery niebieskiej. Towarzyszyć temu będą różne, takie oto znaki: niebo czyste jak lustro, spowite w tęczową jasność, deszcz kwiatów, zapach wonnych kadzideł, niebiańska muzyka, promienie, relikwie. Z tej to przyczyny niezbędne jest recytowanie *Pouczenia o wielkim wyzwoleniu z bar-do przez słuchanie* znawcom reguł *winaji*, wielkim nauczycielom filozofii, ludziom łamiącym śluby samaji i wszelkiego rodzaju pospolitakom. Co zaś tyczy się mahasiddhów[5], mistrzów medytacji nad mahamudrą i wszelkich innych znakomitych praktyków Mahasampanny[6], rozpoznają oni, zapamiętują światłość bar-do chwili śmierci i osiągają dharmakaję. Odczytywanie *Pouczenia o wielkim wyzwoleniu z bar-do przez słuchanie* jest im zupełnie niepotrzebne. Jeśli w bar-do chwili śmierci rozpoznają oni światłość, osiągają dharmakaję. Jeżeli w bar-do dharmaty rozpoznają pojawiające się dobrotliwe i gniewne zjawy bóstw — osiągają sambhogakaję. Jeżeli rozpoznają w bar-do życia — osiągają nirmanakaję i odrodziwszy się w dobrych sferach bytu spotykają się tam z tą nauką; ponieważ zaś następne życie jest wynikiem [dawniejszych] postępków, to *Pouczenie o wyzwoleniu przez słuchanie* ma głęboki religijny sens, dotyczy bowiem: osiągania oświecenia bez uprzedniej praktyki medytacyjnej, osiągania wyzwolenia jedynie poprzez słuchanie, prowadzenia człowieka bardzo nieprawego tajemną drogą, momentalnego odsłaniania istoty rzeczy i momentalnego urzeczywistniania stanu buddy. Dzięki temu wszystkiemu przychodzące żywe istoty na pewno nie pójdą do niższych sfer bytu. Czytaj więc razem to *Wyzwolenie* i *Wyzwolenie przez noszenie*[7], bo razem są one niby złota mandala ozdobiona turkusami i innymi klejnotami!

Teraz, gdy ukazano już niezbędność i pożytek z tego pouczenia co do wyzwolenia przez słuchanie, zostanie objaśniony sposób, w jaki objawiać się będą bóstwa gniewne. Znów zawoławszy [zmarłego] po imieniu, przemówić [trzeba] w te słowa:

„Szlachetny synu, słuchaj uważnie! Nie udało ci się rozpoznać i zapamiętać bóstw spokojnych, jakie ukazały ci się w poprzednim bar-do, toteż nadal musisz błąkać się tutaj. Teraz, ósmego dnia, zaczną się pojawiać krwiożercze gniewne bóstwa. Nie poddając się obawom, rozpoznawaj je jasno!

Szlachetny synu, pojawi się oto wspaniały wielki Budda Heruka o ciele barwy ciemnoczerwonej, trzech głowach, sześciorgu ramionach i czterech nogach szeroko rozstawionych. Jego oblicze po prawej jest barwy białej, po lewej — czerwonej, środkowe zaś jest ciemnopurpurowe; ciało rzuca snop jarzącego się blasku. Spojrzenie sześciorga oczu budzi przerażenie, brwi wygięte są na kształt błyskawicy. Wargi o ognistym połysku miedzi rozciąga szyderczy śmiech: »a la la!«, »ha ha ha!« — chichoczą głośno, świszcząc przeraźliwie. Pomarańczowe włosy jeżą się sztywno do góry i płoną. Ozdobami jego głów są księżyc, słońce i trupie wyschłe czaszki, ciała zaś — czarne węże i świeżo obcięte głowy. W pierwszej z sześciu dłoni, po prawej trzyma czakrę[8], w środkowej — topór o półokrągłym ostrzu, w ostatniej zaś — miecz. W pierwszej z lewej strony — dzwonek, w środkowej — lemiesz, w ostatniej — puchar zrobiony z czaszki. Wokół tułowia Buddy Heruki oplata się jego małżonka — Buddhakrodhiświari. Prawą ręką obejmuje ona jego szyję, lewą podtyka mu pod usta czaszkę pełną krwi; jej podniebienie wydaje przeraźliwe, głośne i huczące dźwięki. Spośród jego włosów w kształcie dordże wystrzelają płomienie ognia Mądrości. Zasiada on na tronie unoszonym przez garudę, z jedną parą nóg wysuniętą w bok, drugą podkurczoną. Postacie te z twego własnego wywodzą się mózgu i objawiają się teraz, tutaj, tobie. Dlatego nie trwóż się z nimi. Nie lękaj się ich! Nie wpadaj w panikę! Rozpoznaj w nich formę twego umysłu. Tym bóstwem jest twój własny jidam, przeto nie obawiaj się go! W istocie jest to *jab-jum* Buddy Wairoczany, przeto nie bój się go! Ze zrozumieniem przychodzi wyzwolenie!"

Po tym wezwaniu [zmarły], rozpoznawszy go jako jidama, rozpłynie się w niedwoistości i osiągnie sambhogakaję Buddy — albo też, jeśli owładnie nim strach i panika, i ucieknie nie rozpoznawszy go, dziewiątego dnia wyjdą mu na spotkanie krwiożercze bóstwa z rodziny Wadżra[9]. Oto pouczenie. Zawołać [zmarłego] po imieniu i przemówić doń w te słowa:

„Szlachetny synu, słuchaj uważnie! Dziewiątego dnia ukaże ci się krwiożerczy budda imieniem Wadżraheruka, z rodziny Wadżra. Jego ciało jest barwy ciemnoniebieskiej, ma on trzy oblicza, sześcioro ramion i czworo szeroko rozstawionych nóg. Prawa [twarz] jest biała, lewa — czerwona, środkowa zaś — niebieska. W pierwszej dłoni po prawej dzierży dordże, w środkowej — puchar z czaszki, w ostatniej — topór; w pierwszej dłoni po lewej — dzwonek, w środkowej — puchar z czaszki, w ostatniej — lemiesz. Jego małżonka to bogini Wadżrakrodhiśwari, oplatająca się wokół jego tułowia. Prawym ramieniem otacza mu szyję, lewym zaś podtyka mu pod usta czaszkę pełną krwi. Postacie te z twego wywodzą się mózgu, z jego wschodniej strony, i objawiają się teraz, tutaj, tobie. Dlatego nie trwóż się nimi! Nie lękaj się ich! Nie poddawaj się panice! Rozpoznaj w nich formę twego własnego umysłu! Tym bóstwem jest twój jidam, przeto nie obawiaj się go! W istocie jest to *jab-jum* Buddy Wadżasattwy, przeto rozpoznawszy go oddaj mu kornie hołd. Ze zrozumieniem przychodzi wyzwolenie".

Po tym wezwaniu [zmarły] rozpoznawszy go jako jidama, rozpłynie się w niedwoistości i osiągnie sambhogakaję Buddy — albo też skutkiem silnych skażeń karmicznych owładnie nim trwoga i panika, i ucieknie nie rozpoznawszy właściwie. Wtedy dnia dziesiątego wyjdzie mu na spotkanie krwiożerczy budda z rodziny Ratna[10]. Oto pouczenie. Zawołać [zmarłego] po imieniu i przemówić doń tak:

„Szlachetny synu, słuchaj uważnie! Oto dziesiątego dnia ukaże ci się krwiożerczy budda z rodziny Ratna imieniem Ratnaheruka. Jego ciało jest barwy ciemnożółtej. Ma on trzy oblicza, sześcioro ramion, i czworo szeroko rozstawionych nóg. Prawa [twarz] jest biała, lewa — czerwona, środkowa zaś — ciemnożółta, płonąca. W pierwszej dłoni po prawej dzierży klejnot, w środkowej — *khatwangę*[11], w ostatniej zaś — maczugę. W pierwszej dłoni po lewej trzyma dzwonek, w środkowej — puchar z czaszki, w ostatniej — trójząb. Jego małżonka to bogini Ratnakrodhiświari, oplatająca się wokół niego. Prawym ramieniem otacza mu szyję, lewym zaś podtyka pod usta czaszkę pełną krwi. Postacie te z twego wywodzą się mózgu, z jego południowej strony i objawiają się teraz, tutaj, tobie. Dlatego nie trwóż się nimi! Nie lękaj się ich! Nie poddawaj się panice! Rozpoznaj w nich formę twego umysłu! Tym bóstwem jest twój jidam, przeto nie obawiaj się go! W istocie jest to *jab-jum* Buddy Ratnasambhawy, przeto oddaj mu hołd! Ze zrozumieniem przychodzi wyzwolenie".

Po tym wezwaniu i rozpoznaniu go jako jidama [zmarły] rozpłynie się w niedwoistości stając się buddą. Jeżeli jednak pomimo tego pouczenia zakorzenione złe skłonności wezmą górę, pociągną go wstecz, tak że poczuje strach, gniew i zacznie uciekać nie rozpoznawszy jidama; jeżeli ujrzawszy Jamantakę, Pana Śmierci, nie rozpozna go — wówczas jedenastego dnia ukaże mu się krwiożerczy budda z rodziny Padma[12]. Oto pouczenie. Wezwać [zmarłego] po imieniu i przemówić doń tak:

„Szlachetny synu, słuchaj uważnie! Oto jedenastego dnia ukaże ci się krwiożerczy budda z rodziny Padma imieniem Padmaheruka. Jego ciało jest barwy ciemnoczerwonej; ma on trzy oblicza, sześcioro ramion i czworo szeroko rozstawionych nóg. Prawa [twarz] jest biała, lewa — niebieska, środkowa — ciemnoczerwona. W pierwszej dłoni po prawej dzierży lotos, w środkowej — khatwangę, w ostatniej — pałkę. W pierwszej dłoni po lewej trzyma dzwonek, w środkowej — czaszkę napełnioną krwią, w ostatniej — bębenek. Jego małżonka to bogini Padmakrodhiśwari, oplatająca się wokół niego. Prawą ręką otacza mu szyję, lewą podtyka pod usta czaszkę pełną krwi. Te złączone w uścisku postacie *jab-jum* z twojego wywodzą się mózgu i objawiają się teraz, tutaj, tobie. Dlatego nie trwóż się nimi! Nie lękaj się ich! Nie wpadaj w panikę! Wzbudź w sobie ufność! Rozpoznaj w nich formę twego umysłu! Tym bóstwem jest twój własny jidam, przeto nie obawiaj się go! Nie poddawaj się panice! W istocie jest to *jab-jum* Buddy Amitabhy, przeto oddaj mu hołd! Ze zrozumieniem przychodzi wyzwolenie!".

Po tym wezwaniu i rozpoznaniu go jako jidama [zmarły] rozpłynie się w niedwoistości i stanie się buddą — albo też, jeżeli pomimo tego pouczenia złe skłonności wezmą górę i pociągną go wstecz, tak że poczuje strach, wpadnie w panikę i zacznie uciekać nie rozpoznawszy jidama — to dwunastego dnia ukażą mu się krwiożercze bóstwa z rodziny Karma[13], w towarzystwie bogiń Kauri[14], Piśaczi[15] i innych potężnych bogiń. Nie rozpoznawszy ich, poczuje strach. Oto pouczenie. Wezwać [zmarłego] po imieniu i przemówić doń tak:

„Szlachetny synu, słuchaj uważnie! Oto gdy nadszedł dwunasty dzień, pojawia się przed tobą krwiożerczy budda z rodziny Karma, imieniem Karmaheruka. Jego ciało jest barwy ciemnozielonej; ma on trzy oblicza, sześcioro ramion i czworo szeroko rozstawionych nóg. Twarz po prawej jest biała, po lewej — czerwona, środkowa zaś — zielona; jej majestat budzi lęk. W pierwszej dłoni po prawej trzyma miecz, w środkowej — *khatwangę*, w ostatniej — pałkę. W pierwszej dłoni po lewej ma dzwonek, w środkowej — puchar z czaszki, w ostatniej zaś — lemiesz. Jego małżonka to bogini Karmakrodhiświari, opleciona wokół niego. Prawą ręką obejmuje jego szyję, lewą zaś podtyka pod usta czaszkę pełną krwi. Te złączone w uścisku postacie *jab-jum* z twojego wywodzą się mózgu, z jego północnej strony, i teraz ukazują ci się tutaj. Dlatego nie trwóż się nimi! Nie lękaj się ich! Nie żyw ku nim gniewu! Rozpoznaj w nich formę twego umysłu! Tym bóstwem jest twój jidam, przeto nie obawiaj się go! W istocie jest to *jab-jum* Buddy Amoghasiddhi. Oddaj mu kornie cześć! Ze zrozumieniem przychodzi wyzwolenie!".

Po tym wezwaniu i rozpoznaniu go jako jidama [zmarły] rozpłynie się w niedwoistości i stanie się buddą. Rozpoznawszy, dzięki pouczeniu Guru, we wszystkich tych postaciach zręczną grę własnego umysłu — osiągnie wyzwolenie, podobnie jak wyzwala się ten, kto spostrzega, że lew jest tylko wypchaną skórą. Otóż ten, komu istota tego wszystkiego nie jawi się jako wypchany lew, odczuwa trwogę i panikę; podobnie człowiek, pouczony co do takiego stanu rzeczy, rozpoznaje swą ukrytą skazę i wyzbywa się strachu. Wszelako tutaj, gdy pojawiają się przed nim z obszarów podobnych niebiosom krwiożercze bóstwa o wielkich postaciach i grubych członkach, na pewno owładnie nim lęk i panika. Skoro jednak tylko otrzyma pouczenie, rozpoznaje w nich własne emanacje i własnego jidama, toteż jasne światło uprzednich medytacji oraz jasne światło, jakie później samoistnie się w nim rodzi, łączą się z sobą niby matka z synem. Własne światło pomaga mu w samowyzwoleniu; jest to dlań jakby spotkanie z kimś od dawna znanym. Własny umysł i własne światło dają samowyzwolenie.

Jeśli jednak nie otrzyma on pouczeń, to choćby był człowiekiem zacnym, zawróci stąd i wpadnie w błędne kolisko samsary.

Pojawi się przed nim osiem rozeźlonych bogiń Kauri i tłum czarownic[16] o różnych, straszliwych twarzach; wyłaniają się one z jego własnego mózgu. Oto pouczenie. Zawołać [zmarłego] po imieniu i przemówić doń tak:

„Szlachetny synu, słuchaj uważnie! Oto pojawia się przed tobą osiem straszliwych bogiń Kauri; wychodzą one z twego własnego mózgu. Nie bój się ich! Ze wschodniej strony twego mózgu wyłania się biała Kauri: w prawej ręce trzyma trupa niby pałkę, w lewej — czaszkę pełną krwi. Tak się tobie pojawi. Nie lękaj się jej!

Ze strony południowej — żółta Czauri z napiętym łukiem, gotowa strzelać. Z północy — Pramotha, dzierżąca proporzec z figurą Makary[17]. Z północy — czarna Wetali dzierżąca dordże i czaszkę pełną krwi. Z południowego wschodu — Pukkasi barwy czerwonożółtej, w prawej ręce trzymająca wyprute jelita, lewą podająca je sobie do ust. Z południowego zachodu — ciemnozielona Ghasmari. W lewej dłoni trzyma ona czaszkę pełną krwi; miesza w niej trzymanym w prawej dłoni dordże i podaje ją sobie do ust. Z północnego zachodu — jasnożółta Czandali odrywająca głowę od ciała. W prawej dłoni trzyma ona serce, w lewej — zwłoki, jej pożywienie. Z północnego wschodu — ciemnoniebieska Śmaśani, pożerająca oddzielone od siebie głowę i ciało.

Owych osiem pojawiających się bogiń Kauri tworzy świtę pięciu krwiożerczych buddów; wychodzą one z twego mózgu i ukazują się tobie w taki sposób. Nie bój się ich!

Szlachetny synu, słuchaj uważnie! Po nich wyjdzie, jedna po drugiej, osiem czarownic z ośmiu krajów[18], i ukaże się tobie; ze wschodu Simhamukha — barwy ciemnoczerwonej, o głowie lwa i dwu łapach złączonych na piersi; w paszczy trzyma trupa, grzywę ma odrzuconą do tyłu. Z południa — Wjaghrimukha barwy czerwonej o głowie tygrysa. Obie łapy ma założone na lędźwie; spogląda przenikliwie i marszczy w grymasie wargi. Z zachodu — Śrygalamukha, czarna, o głowie lisa; w prawej dłoni trzyma brzytwę, w lewej — wyprute jelita, które pożera, i zlizuje krew. Z północy — Śwanamukha, ciemnoniebieskiej barwy, z głową wilka. Obiema rękami podnosi do paszczy trupa i pożera go; spogląda wzrokiem przenikliwym. Na południowym wschodzie jest Grydhramukha, bladożółta, o głowie sępa, na barkach niosąca wielkie zwłoki, w ręce zaś sztylet. Z południowego zachodu — Kankamukha, ciemnoczerwona, o głowie jastrzębia, niosąca na barkach wielkie zwłoki. Z północnego zachodu — Kakamukha barwy czarnej o głowie kruka; w lewej dłoni niesie puchar z czaszki, w prawej dzierży miecz; pożera płuca i serce. Z północnego wschodu — Ulumukha, ciemnoniebieska, o głowie sowy. W prawej dłoni niesie dordże, w lewej — miecz, i zjada mięso [trupa?].

Tych osiem Czarownic z [ośmiu] krajów tworzy świtę pięciu krwiożerczych buddów; wyszły one z twego własnego mózgu i jemu się ukazują. Nie lękaj się ich! We wszystkich ukazujących się zjawach rozpoznaj zręczną grę twego umysłu, własne twoje emanacje.

Szlachetny synu! Rozpoznaj też wychodzące z twego mózgu cztery Strażniczki Bram! Oto ukaże ci się, wyszedłszy ze wschodniej strony twego mózgu, Ankuśa, strażniczka o końskim obliczu, dzierżąca żelazny hak, biała; w lewej dłoni trzyma puchar z czaszki pełen krwi. Z południa — Paśa, strażniczka o świńskim obliczu, dzierżąca arkan. Z zachodu — Śrynkhala, strażniczka o lwim obliczu, dzierżąca łańcuch, czerwona. Z północy — Ghanta, strażniczka o wężowym obliczu, zielona, trzymająca dzwonek. Wychodzą te cztery strażniczki z twego własnego mózgu i ukazują się tobie. Rozpoznaj w nich twego jidama, bo to właśnie on.

Szlachetny synu, po trzydziestu straszliwych bóstwach z rodziny Heruka ukaże ci się kolejno dwadzieścia osiem Potężnych Dam, jogiń o przerażających twarzach ludzkiego wyglądu. Potrząsając wszelkiego rodzaju orężem, wychodzić one będą z twego mózgu i ukazywać się tobie. Nie lękaj się ich, lecz rozpoznaj w nich wszystkich zręczną grę twego umysłu! Teraz, gdy zbliża się czas, że chcą ci przeszkodzić w zrozumieniu głównego sensu, przypomnij sobie pouczenia i wskazówki Guru.

Szlachetny synu! Ze wschodu [ukaże ci się] Rakszasi[19] ciemnoczerwona o głowie jaka, trzymająca w dłoni dordże. Czerwonożółta Brahmi o głowie węża dzierży w dłoni lotos. Ciemnozielona Mahadewi[20] o głowie leoparda trzyma w ręku trójząb.

Niebieska Lobha[21] o głowie łasicy dzierży czakrę, natomiast czerwona Kumari[22] z głową niedźwiedzia ma w dłoni dziryt. Biała Indrani[23] o głowie burej niedźwiedzicy niesie w ręku pętlę z jelit. Od wschodu pojawi się sześć jogiń wychodzących z twego mózgu. Nie bój się ich.

Szlachetny synu, z południa ukaże się żółta Wadżra o głowie maciory dzierżąca w dłoni brzytwę; czerwona Śanti[24] o głowie krokodyla, trzymająca w dłoni dzban; czerwona Amryta[25] o głowie skorpiona z lotosem w dłoni; biała Czandra[26] o głowie sokoła z dordże w dłoni; ciemnozielona Danda[27] o głowie lisicy, wywijająca pałką; ciemnożółta Rakszasi o głowie tygrysa, trzymająca w dłoni czaszkę pełną krwi. Ta szóstka Jogiń Południa wyjdzie z twego mózgu i pojawi się przed tobą. Nie lękaj się ich.

Szlachetny synu, od zachodu pojawi się Bhakszini (Pożerająca) w kolorze ciemnozielonym i z głową sępa, trzymająca maczugę; czerwona Rati (Rozkosz), końskogłowa, z kadłubem trupa w dłoni; biała Mahabali (Wielce Potężna) o głowie Garudy, dzierżąca pałkę; czerwona Rakszasi (Diablica), psiogłowa, tnąca dordże brzytwą; Kama (Żądza) barwy czerwonej z głową dudka, napinająca łuk ze strzałą; czerwono-zielona Wasuraksza (Strzegąca Bogactw) o głowie jelenia, dzierżąca dzban. Ta szóstka Jogiń Zachodu wyjdzie z twego mózgu i pojawi się przed tobą. Nie lękaj się ich!

Szlachetny synu, od północy pojawi się niebieska Wajudewi (Bogini Wiatru) o głowie wilka, wymachująca mieczem badan[28]; czerwonej barwy Nari (Kobieta) o głowie kozicy mająca w dłoni pal katowski; czarna Warahi[29] z głową maciory, trzymająca w dłoni uzębioną pętlę; czerwona Wadżra z głową sroczą, niosąca w dłoni zwłoki dziecka; ciemnozielona Mahahastini (Wielkonosa)[30] o głowie słonia, z gnijącym trupem w dłoni, pijąca z czaszki pełnej krwi; niebieskiej barwy Warunadewi (Bogini Wód) o głowie wężowej, dzierżąca pętlę uczynioną z węża. Ta szóstka Jogiń Północy wyjdzie z twego mózgu i pojawi się przed tobą. Nie lękaj się ich.

Szlachetny synu, z twojego mózgu wyjdą i pojawią się przed tobą cztery Joginie Wrót: ze wschodu — biała Wadżra o głosie kukułki, z żelaznym hakiem w ręce; od południa — żółta Wadżra, koziogłowa, z arkanem w dłoni; od zachodu — Wadżra czerwona z głową lwa i żelaznym łańcuchem w dłoni; od północy — ciemnozielona Wadżra o głowie węża i dzwonkiem w dłoni. Te cztery Joginie Wrót wychodzą z twego mózgu i ukazują się tobie.

W dwudziestu ośmiu joginiach rozpoznaj emanacje samoistnych boskich ciał strasznych Heruków.

Szlachetny synu, rozpoznaj w nich ukazujące się w postaci spokojnych bóstw emanacje części pustego przestworu dharmakaji! Te, które ukazują się w kształcie bóstw gniewnych, rozpoznaj jako emanacje części jasnego przestworu sambhogakaji! Jeśli teraz wszystkie pojawiające się przed tobą krwiożercze bóstwa, w liczbie pięćdziesięciu ośmiu wychodzące z twego mózgu, rozpoznasz jako emanacje swego umysłu, natychmiast nastąpi zniesienie dwoistości twego ciała i owych krwiożerczych bóstw, i staniesz się buddą.

Szlachetny synu! Jeżeli nie rozpoznasz ich właśnie tak, jak ci powiedziano, lecz owładnie tobą trwoga i zaczniesz uciekać, to znów czekają cię jeszcze większe męki samsary. Jeżeli nie rozpoznasz tych krwiożerczych bóstw właśnie tak, ujrzysz je jako Jamę, Pana Śmierci, i ogarnie cię lęk przed nimi, poddasz się trwodze i panice, i omdlejesz. Zjawy zmienią się w demony i runiesz w otchłań samsary. O ile jednak nie owładnie tobą trwoga ani panika, unikniesz błądzenia w samsarze.

Szlachetny synu! Największe spośród owych spokojnych i gniewnych postaci są tak olbrzymie, że sięgają nieba; średnie są jak Góra Meru, a najmniejsze — jak osiemnaście twych postaci ustawionych jedna na drugiej. Ale nie lękaj się ich! Wszystkie twoje własne kreacje pojawią się w postaciach świetlistych. Skoro tylko wszystkie owe jawiące się w postaciach świetlistych emanacje rozpoznasz jako świetliste emanacje własnego umysłu, świetlista emanacja i świetlisty kształt rozpłyną się w niedwoistości i staniesz się buddą. Synu, wszelkie widziane przez ciebie, okropne, budzące grozę zjawy winieneś rozpoznać jako własne twoje emanacje! Winieneś je rozpoznawać jako jasne, błyszczące światło twego umysłu! Jeżeli tak właśnie je rozpoznasz, bez wątpienia czeka cię stan buddy; osiągniesz go tak zwaną »drogą momentalną«. Przypomnij sobie tylko [te pouczenia]!

Szlachetny Synu, jeśli natomiast samodzielnie teraz ich nie rozpoznasz, wszystkie postacie bóstw dobrotliwych ukażą ci się jako Mahakala[31], wszystkie zaś postacie bóstw gniewnych — jako Jama Dharmaradża, Pan Królestwa Śmierci. Własne twoje emanacje przemienią się w demony i stoczysz się w błędny kołomęt samsary. Szlachetny synu, jeśli nie rozpoznasz w nich własnych emanacji, to choćbyś był mędrcem biegłym we wszelkich pismach, Sutrach i Tantrach, i praktykowal Dharmę przez całą kalpę[32] — nie osiągniesz stanu buddy. Ale jeżeli rozpoznasz je właściwie, to skutkiem zrozumienia jednej tylko istotnej rzeczy i jednego słowa — osiągniesz ten stan. Jeśli nie rozpoznasz w nich swych emanacji, w momencie śmierci ujrzysz je w bar-do jako postać Pana Śmierci, Jamy Dharmaradży. Większa postać Jamy Dharmaradży będzie olbrzymia jak niebo, średnia — jak Góra Meru napełniająca sobą cały obszar świata. Górnymi zębami kąsa on swoją dolną wargę, oczy ma jak ze szkła. Włos na jego głowie jest skudlony, brzuch ma obwisły, szyję cienką, w ręku dzierży karbowaną pałkę, jego usta miotają krzyki: »Bij! Morduj!«. Wypija mózgi, odrywa głowy od ciał, wyszarpuje serca. Podobne stwory pojawiając się napełniają sobą cały świat, ale ty, szlachetny synu, nie trwóż się, kiedy zjawią się przed tobą! Ponieważ jesteś jedynie »umysłowym ciałem« swoich zakorzenionych złych skłonności, więc choćby te postacie mordowały cię i siekały na kawałki, nie potrafią zadać ci śmierci. W istocie jesteś formą zrodzoną przez śunjatę, więc nie musisz się ich obawiać. Każdy z tych Panów Śmierci też jest tylko emanacją samoistnego blasku twego umysłu, przeto nie jest utworzony z substancji materialnej. To, co z natury swej jest puste, nie może wyrządzić żadnej krzywdy pustce. Nie jest to nic innego jak tylko ukazująca się tobie zręczna gra twojego umysłu. Spotykane po tamtej stronie bóstwa dobrotliwe, gniewne, krwiożercze, przerażające postacie, świetliste tęcze, budzące grozę postacie Pana Śmierci i inne im podobne nie mają realnego bytu, to rzecz pewna. Toteż gdy poznajesz ich naturę w ten właśnie sposób, uwalniasz się od lęku i obaw; rozpływając się w niedwoistości, stajesz się buddą. Jeśli je tak rozpoznasz, stają się one jidamem, wychodzą ci na spotkanie w wąskim przesmyku bar-do [twej] jaźni i są twoim schronieniem. W myśli oddawaj im kornie cześć i przypominaj sobie ustawicznie o Trzech Klejnotach. Pamiętaj zawsze, że wszelkie te bóstwa są twoim jidamem. Wołaj go po imieniu! Gdy będziesz błąkał się po bar-do jaźni, wzywaj go na pomoc! »Najdroższy Jidamie, ogarnij mnie swym miłosierdziem« — takie zanoś błagania. Wołaj po imieniu swego Guru, a gdy będziesz błąkał się po bar-do, wzywaj go na pomoc, nie rezygnuj z miłosierdzia i zanoś błagania. Oddaj hołd tłumowi bóstw krwiożerczych i zanoś błaganie. Odmawiaj błaganie:

»Ach, gdy tak błądzę po kolisku samsary,
wtrącony w nie przez nazbyt silne złe skłonności,
niechaj buddowie dobrotliwi i gniewni
poprowadzą mnie jasną drogą,
oczyszczoną ze zwidów gniewu, trwogi i strachu!
Niechaj mnie też wspiera tłum gniewnych potężnych
bogiń niebios!
Wyrwijcie mnie proszę, z wąskiego przesmyku
straszliwego bar-do!
Poprowadźcie mnie do skończenie doskonałej i czystej
dziedziny buddów!

Gdy tak tutaj błądzę samotnie, oddzielony od miłych przyjaciół,
i ukazują mi się cielesne ułudy, których istotą jest śunjata,
niechaj miłosierdzie buddów przyda mi sił
i niech się w bar-do nie pojawia trwoga i lęk!
Gdy w pięciorakiej formie pojawia się tutaj przede mną
jasna, wyraźna światłość Mądrości,
— obym bez strachu i trwogi mógł w niej rozpoznać
siebie samego!
Gdy pojawiają się tutaj przede mną postacie spokojnych
i gniewnych bóstw
— obym mógł z ufnością, bez strachu rozpoznawać
w nich bar-do!
Gdy doświadczam udręk wywołanych mocą złego karmana
— niechaj je wszystkie rozproszy mój jidam!
Gdy rozbrzmiewa niby huk grzmotu głos dharmaty
— niechaj zmieni się on w dźwięk sześciosylabowej mantry!
Gdy tak błądzę miotany mocą karmana, pozbawiony obrony
— błagam, niechaj obroną będzie mi Wielkie Miłosierdzie!
Gdy doświadczam tutaj udręk wywołanych przez złe skłonności
— niechaj ukażą się one jako błogość jasnej, głębokiej samadhi!
Niechaj pięcioro żywiołów nie będzie moimi wrogami,
lecz niech je raczej zobaczę jako niebiosa pięciu rodzin buddów!«.

Takie mają być słowa tego błagania, wypowiadane z głęboką czcią i uwielbieniem. Jest to bardzo ważne, bo tym sposobem unicestwia się obawy i wszelkie lęki, i osiąga niezawodnie stan buddy w sambhogakaji. Nie miej obaw."

Powtórzyć to trzy do siedmiu razy.

Tym sposobem człowiek wszelkich, największych nawet przewinień i wszelkich, najgorszych nawet osadów karmicznych nie może nie dostąpić wyzwolenia. Jeśli jednak ich w żaden sposób nie potrafi rozpoznać, będzie musiał wędrować po trzecim bar-do — bar-do życia; niżej dokładnie zostanie o nim pouczony.

Na ogół ludzie są słabo obznajmieni [z medytacją] i słabo przygotowani, dlatego w chwili śmierci, gdy mamią ich ułudy, niewielu tylko może się obyć bez pouczeń tego *Wyzwolenia z bar-do przez słuchanie*. Obznajmieni dobrze z medytacją po rozdzieleniu się ich ducha i ciała nagle widzą bar-do dharmaty. Ci, którzy za życia rozpoznali naturę umysłu, są bardzo silni, kiedy w bar-do chwili śmierci ukazuje im się światłość, dlatego bardzo ważne jest doświadczenie medytacyjne za życia. Ci, którzy za życia praktykowali dwustopniową medytację bóstw Tajemnych Mantr, widząc w bar-do dharmaty zjawy spokojne i gniewne zyskują wielką siłę. Dlatego bardzo jest ważne, aby za życia dobrze przyswoić sobie to *Pouczenie o wielkim wyzwoleniu z bar-do przez słuchanie*. Należy pilnie przykładać się do zgłębienia go, wbić je sobie mocno do głowy, odczytywać głośno, stosować do niego umysł, nie przywiązywać się do trzech czasów[33], jasno i dokładnie pojąć sens słów i nie zapominać ich, nawet gdyby cię ścigało stu okrutnych oprawców. Ponieważ tekst ten nazywa się właśnie *Pouczenie o wielkim wyzwoleniu z bar-do przez słuchanie*, nawet człowiek obciążony pięcioma głównymi występkami[34], lecz który przyswoi sobie te pouczenia poprzez ucho — na pewno dostąpi wyzwolenia. Dlatego też trzeba je rozgłaszać wszem wobec i rozpowszechniać. Tak więc temu, kto raz je tylko usłyszał, choćby nawet nie rozmyślał nad ich sensem — staną się całkowicie jasne, bo w bar-do umysł jest dziewięćkroć silniejszy niż przedtem, toteż przypomni je tam sobie co do jednego słowa, niczego nie zapominając. Dlatego za życia należy recytować je każdemu; odczytywać u wezgłowia chorych i obok zwłok wszystkich ludzi zmarłych, i w ogóle jak najszerzej rozpowszechniać, albowiem po ich przyswojeniu czekać będzie [zmarłych] bardzo dobry los.

Przyswojenie ich jest jednak trudne; wyjątkiem są tu ludzie, którzy zgromadzili zasługi oraz oczyścili się z mroków niewiedzy. Po usłyszeniu [tych pouczeń] dostąpią wyzwolenia przez samo to, że nie poddali się niewierze.

Dlatego należy obdarzać je wielką czcią, albowiem jest to nektar Dharmy.

Koniec pouczeń odnoszących się do bar-do dharmaty [zawartych w] *Pouczeniu o wielkim wyzwoleniu się z bar-do przez słuchanie i widzenie.*

Zostały one sprowadzone przez siddhę Kar-ma gling-pa z gór sGam-po gDar, z brzegów Złotej Rzeki[35].

Sarwa mangalam[36]

སྲིད་པའི་བར་དོ་ལམ་རང་སྒྲོལ ॥

Pouczenie o samowyzwoleniu się z bar-do życia

Księga wielkiego wyzwolenia z bar-do życia
poprzez słuchanie wskazówek i jasne ich
przypominanie [będąca częścią]
Księgi głębokiej nauki o samowyzwoleniu
z władzy bóstw spokojnych oraz gniewnych

> Korny i pełen czci pokłon Guru,
> Jidamowi, Dakiniom i bogom!
> Proszę, wyswobodźcie mnie z bar-do!

Wyżej udzielona została nauka co do wyzwolenia z bar-do dharmaty; teraz zaczyna się tekst wyjaśniający bar-do życia.

Pominąwszy tych, którzy po wielokroć zapoznawali się z poprzednimi pouczeniami co do bar-do dharmaty, i tych, którzy dobrze są obznajmieni z Dharmą — ludziom słabo z nią obznajmionym oraz wielkim niegodziwcom trudno jest przyswoić sobie te pouczenia na skutek strachu, lęku i złego karmana. Dlatego, począwszy od dziesiątego dnia, należy przemawiać wyraźnie tymi oto słowy:

> „Składam hołd Trzem Klejnotom i wzywam pomocy buddów, bodhisattwów, i zanoszę do nich błagania!”

Potem trzy- albo siedmiokrotnie zawołać zmarłego po imieniu i tak doń powiedzieć:

„Szlachetny synu, słuchaj dobrze i zapamiętaj: postacie z piekła, ze sfery bogów i wszystkie inne pojawiające się w bar-do wchodzą w istnienie mocą iluzji. Gdy w kształtach bóstw dobrotliwych i gniewnych ukazywały ci się one w bar-do dharmaty, nie potrafiłeś ich rozpoznać, toteż po upływie czterech i pół dnia świadomość omdlała w tobie skutkiem strachu. Ale gdy się ocknąłeś z tego omdlenia i rozjaśniła się ona, pojawiło się przed tobą podobne poprzedniemu ciało. W Tantrach czytamy: »Cielesne kształty z dawniejszych i przyszłych sfer bytu, wyposażone we wszystkie władze zmysłowe, obdarzone energią będącą dziełem machiny karmicznej złudy, widziane czystym okiem boga o tej samej naturze«. Tak mówią Tantry. »Dawniejsze« znaczy tu, że oblekasz się w kształt istoty z krwi i kości jedynie skutkiem mocy twych dawniejszych złych nawyków. W kształtach i proporcjach ta postać, świetlista, jest podobna do postaci z dobrej kalpy[1], dlatego jest to zjawa trwająca przez krótki czas; zwiemy ją »myślnym ciałem bar-do«. Jeżeli wówczas masz odrodzić się w sferze bogów, pojawiają ci się kształty z dziedziny bogów, i tak dalej. Stosownie do miejsca ponownych narodzin — w sferze bytu asurów, ludzi, zwierząt, pretów i piekła — będą ci się ukazywać zjawy z tych sfer. Dlatego zwiemy je dawniejszymi. Przed upływem czterech i pół dnia pojawiały się — za sprawą złych nawyków z poprzedniego życia — kształty cielesne z dawniejszej sfery bytu; tak sobie myślałeś. Dlatego myślałeś: »dawniejsze«.

Ale po tym czasie ukazują się już zjawy ze sfer następnych narodzin. Dlatego była mowa o »dawniejszych i przyszłych sferach bytu«.

Kiedy to nastąpi, nie dąż za żadną z pojawiających się postaci i nie przywiązuj się do niej, nie żyw ku niej afektu. Jeżeli poweźmiesz ku niej afekt, będziesz musiał się błąkać w sześciu sferach samsary i cierpieć ich udręki.

Jeszcze do wczoraj, w bar-do dharmaty, nie potrafiłeś rozpoznać jego zjaw, dlatego musisz błądzić teraz tutaj. Nie bądź słabego ducha! Jeśli nie potrafisz sam sobie być obrońcą, coraz wyraźniej będziesz dostrzegał, że ukazana ci przez Guru świetlista Mądrość jest śunjatą. Potem spokojnie wstępuj w sferę niedziałania i nie-lgnięcia. Nie wstępując w bramy łona, osiągniesz wyzwolenie.

Jeśli jednak nie potrafisz rozpoznać samodzielnie, wówczas skup się w medytacji nad twoim jidamem lub twym Guru, umieszczając ich nad swoją głową, i oddaj im kornie hołd, z całą mocą. To bardzo ważne! To bardzo ważne! Czyń to z duchem niezachwianym znowu i znowu!"

Tak trzeba przemówić. Jeżeli [zmarły] to zapamięta, osiągnie wyzwolenie bez konieczności wędrowania po sześciu sferach samsary. Ale jeżeli skutkiem złego karmana miałby trudności z zapamiętaniem, należy przemówić doń w te słowa:

„Szlachetny synu, słuchaj z umysłem skupionym! Oto wszystkie twoje zmysły zostają oczyszczone, nie znają już przeszkód! Można by rzec, iż za życia twoje oczy były ślepe, uszy głuche, a członki — chrome; teraz, w bar-do, oczy twoje jasno postrzegają kształty, uszy wyraźnie słyszą dźwięki, i wszystkie inne zmysły działają bezbłędnie, jakby się oczyściły. Dlatego mówi się o »oczyszczeniu wszelkich władz zmysłowych«. Jest to znak, iż umarłeś i błądzisz po bar-do. Przypomnij sobie udzielone ci pouczenia!

Szlachetny synu, teraz nic nie stanowi dla ciebie przeszkody, gdyż stałeś się »formą umysłu«; po rozdzieleniu się twego ducha i ciała nie masz już formy materialnej. Dlatego obecnie posiadłeś władze przenikania bez żadnych przeszkód przez wyniosłe góry, ściany domów, ziemię, kamienie i skały — z wyjątkiem jedynie łona matki i Diamentowego Tronu Buddy[2]. Możesz teraz do woli krążyć tu i tam wokół królowej gór, świętej Góry Meru. To właśnie jest znak twojej wędrówki po bar-do życia, więc przypomnij sobie pouczenie Guru! I zanoś błagania do Pana Wielkiego Miłosierdzia.

Szlachetny synu! Ta twoja obecna magiczna siła pochodzi z karmana, nie zawdzięczasz jej ani swym cnotom, ani nie jest ona czarodziejską mocą samadhi, lecz pochodzi jedynie z energii karmana i jest z nim zgodna. Pozwoli ci ona w jednym okamgnieniu okrążyć cztery kontynenty[3] i Górę Meru, i dotrzeć w jednej chwili, z chyżością myśli, gdziekolwiek tylko zechcesz. Mając tę moc poruszania się tak szybko, jak człowiek otwiera i zamyka dłoń, możesz czynić najprzeróżniejsze, niesłychane, magiczne sztuki. Nie będzie dla ciebie jakiejkolwiek myśli, której byś nie mógł przeniknąć, ani rzeczy niewykonalnej. Nie zaznasz w tym żadnej przeszkody. Zrozum to i zanoś błagania do Guru!

Szlachetny synu! »Spoglądanie czystym okiem boskim« na stosowne sfery bytu polega na tym: w bar-do różne sfery narodzin będą się pojawiać odpowiednio różnym ludziom. Na przykład: jeśli ktoś ma się odrodzić w sferze bogów, ujrzy istoty ze sfery bogów. W taki sam sposób pojawiać się będą inne spośród sześciu sfer narodzin. Dlatego nie lgnij do nich, lecz medytuj o Wielkim Miłosierdziu! To właśnie oznacza »spoglądać na nie czystym okiem bogów«; nie chodzi tu o potęgę płynącą z łask jakichś bogów czy innych tego rodzaju istot, lecz o jasne, przenikliwe, boskie spojrzenie, będące owocem nieporuszonego, jasnego skupienia samadhi. Jeżeli zapragniesz widzieć — zobaczysz. Nie zobaczysz, jeśli w medytacji swojej będziesz słaby i chwiejny. Wtedy nie zobaczysz.

Szlachetny synu, tego rodzaju cielesne kształty i postacie twych ziomków, krewnych i bliskich wychodzić ci będą na spotkanie niby we śnie. Będziesz zwracał się do nich słowami mowy, lecz nie otrzymasz takiejż odpowiedzi. Widząc smutek twoich bliskich i twej żony pomyślisz: »Umarłem, więc cóż mogę zrobić!« — i poczujesz wielkie cierpienie, podobne udręce ryby wleczonej po gorącym piasku. Ale choć będziesz bardzo cierpiał, nikomu nic dobrego z tego nie przyjdzie. Jeśli jest tam twój Guru, zanoś błagania do niego albo do twojego jidama Wielkiego Miłosierdzia! Wówczas przestaniesz cierpieć i straszliwe zjawy przestaną się ukazywać.

Szlachetny synu, zagarnia cię nie znająca spoczynku wichura karmana. Pozbawiony jesteś sił, duch twój rozstał się już z ciałem, przeto unoszony jesteś na podobieństwo piórka niesionego przez wiatr, cwałujesz na rumaku wiatru, który miota tobą to tu, to tam. Gdybyś nawet tym wszystkim płaczącym powiedział: »Jestem tutaj, nie płaczcie!« — i tak by nie usłyszeli. Wtedy pomyślisz sobie: »Umarłem« — i zawładnie tobą wielkie cierpienie. Dlatego nie poddawaj się mu.

Nie będzie tam nocy ani dnia, lecz tylko niezmienna, szarawa, rozproszona poświata, jakby jesienna. W takim właśnie bar-do będziesz przebywać przez tydzień, dwa, trzy, cztery, pięć, sześć lub siedem tygodni — czterdzieści dziewięć dni. Na ogół te udręki w bar-do życia trwają dwadzieścia jeden dni; tak twierdzą [autorytety]. Nie jest to pewne, bo dzieje się to samą tylko mocą karmana.

Szlachetny synu, wtedy właśnie zakręci tobą potężny huragan karmiczny — przerażający, okropny, nie do wytrzymania, i poczujesz, jakby coś szturchało cię w plecy. Nie lękaj się tego! Są to twoje własne ułudne zjawy. Przed tobą zapadnie przerażający, niewymownie okropny, gęsty mrok. Straszyć cię będą i bardzo trwożyć takie oto różne okrzyki: »Bij! Zabij!« Nie obawiaj się ich.

Innym, wielkim grzesznikom, karmiczne mięsożerne demony[4] wychodzą naprzeciw, potrząsając wszelkim ostrym orężem, krzycząc »Bij! Zabij!«, podnosząc wielki zgiełk i kłócąc się. Ukazywać się będą zjawy różnych, ścigających cię, budzących trwogę drapieżnych bestii. Zacinać będzie deszcz ze śniegiem, podniesie się burza śnieżna. Ukażą się prześladujące cię zjawy licznych wojowników, spowinie cię gęsty mrok. Rozebrzmi dudnienie jakby obsuwającej się góry i ryk jakby wzbierającego morza. Przerażą cię te dźwięki i na oślep rzucisz się do ucieczki, ale drogę odetną ci trzy ziejące przed tobą przepaście, białe i czerwone, bardzo głębokie[5]. Z tej trwogi omal do nich nie wpadniesz.

Szlachetny synu, w rzeczywistości wcale nie są to przepaście, lecz twoje własne zaślepienie, żądza i głupota. Wtedy uświadom sobie, że jesteś w bar-do życia, i zwróć się po imieniu do Wielkiego Miłosierdzia: »Panie Wielkiego Miłosierdzia, mój Guru i wy, Trzy Klejnoty, nie posyłajcie mnie (wymienić odpowiednie imię) do niższych sfer bytu!« — W taki sposób masz błagać, bardzo usilnie, nie zapominając.

Natomiast wszyscy ci, co zgromadzili wiele zasług, lgnęli do cnoty i stosowali się do szlachetnej Dharmy, i spotykali na swojej drodze wszelką pomyślność — również będą cieszyć się wszelkim szczęściem i pomyślnością. A znów ci, którzy nie czynili nic dobrego ani nic złego, żyjąc w obojętności i bezmyślności — nie zaznają też szczęścia ani cierpienia; czeka ich jedynie obojętność i bezmyślność. Tak właśnie się stanie.

Szlachetny synu, nie lgnij do przedmiotów twych pragnień ani do przyjemności! Nie pożądaj ich! Oddaj hołd Guru i Trzem Klejnotom! Porzuć w myśli wszelkie pożądania i namiętności! Po zniknięciu zjaw przyjemności i cierpień i ukazaniu się zjaw równowagi ducha, z niezachwianym umysłem, nie rozmyślając, wstępuj spokojnie w sferę mahamudry. To bardzo ważne!

Szlachetny synu, w owym czasie będziesz zatrzymywał się na krótkie chwile przy mostach, w świątyniach, klasztorach, stupach, chatach i innych budowlach, nigdy na dłużej, gdyż po oddzieleniu się twego umysłu od ciała nie potrafisz nigdzie dłużej zagrzać miejsca. Będzie ci zimno, świadomość twoja będzie rozchwiana i niestała. Wówczas pomyślisz: »Ach, umarłem już; co mam teraz począć?« Myślenie stanie ci się przykre i nużące, i w sercu poczujesz dotkliwy chłód. Będziesz musiał wędrować, nie zatrzymując się ani nie przywiązując do żadnego miejsca, niczego sobie nie przypominając, nic nie myśląc. Swój umysł wprowadź w stan doskonałego spoczynku! Do jedzenia będziesz miał tylko to, co specjalnie dla ciebie zostawią; wątpliwe też, czy będziesz miał przyjaciół. To znak, że po bar-do życia błądzi twoje »ciało umysłowe«.

Wtedy twoje przyjemności i przykrości zależeć będą od karmana. Ujrzawszy rodzinne okolice i własnego trupa, pomyślisz: »Oto leżę umarły. Jakie to straszne!«. »Ciało umysłowe« będzie wówczas bardzo cierpieć. Pomyślisz: »Ach, gdybym tak mógł otrzymać jakieś ciało!«. I wszędzie ujrzysz widziadła jakby chodzące w poszukiwaniu ciał. Aż dziewięć razy będziesz próbował wstąpić w swego trupa, lecz skutkiem twojego długiego przebywania w bar-do dharmaty w zimie mróz zetnie go w bryłę lodu, w lecie zaś zgnije on. A jeśli tak się nie stanie, krewni wkrótce spalą go w ogniu, złożą do grobu albo rzucą na pożarcie drapieżnemu ptactwu, i już go nie znajdziesz, by weń wstąpić. Napełni cię to wielkim przygnębieniem i zda ci się, że tłuczesz się pomiędzy skałami, piaskiem i kamieniami. Szukając ciała nie uwolnisz się od cierpienia. Jest ono samą istotą bar-do życia. Dlatego z niezachwianym duchem wstępuj w sferę obojętności dla ciała!"

Po tych pouczeniach [zmarły] osiągnie wyzwolenie w bar-do. Jeżeliby jednak skutkiem przemożnej siły złego karmana te pouczenia nie trafiły do niego, znów trzeba zawołać go po imieniu i przemówić tak:

„Szlachetny synu (wymienić imię), słuchaj mnie! To, żeś popadł w takie cierpienie, zawdzięczasz swojemu karmanowi; nie jest to niczyja odpłata. Ponieważ jest to twój własny karman, przeto błagaj usilnie Trzy Klejnoty, a otrzymasz od nich wsparcie. Jeśli wszelako nie uczynisz tego i jeśli nie jesteś obznajmiony z medytacją mahamudry ani nie będziesz praktykował medytacji swego jidama — zrodzone wraz z tobą twoje bóstwo opiekuńcze zgromadzi wszystkie dobre uczynki, a za każdy z nich wyciągnie biały kamyk. Równocześnie na pytanie przychodzącego[6] za każdy ze zgromadzonych występków wyciągnie kamyk czarny; natenczas ogarnie cię wielki lęk, panika i trwoga. Drżąc, będziesz mówić: »Nie dokonałem tego zła!« — i skłamiesz w ten sposób. Na to Jama rzeknie: »Popatrzę w zwierciadło karmana« — i spojrzawszy w to zwierciadło, jasno i wyraźnie ujrzy w nim wszystkie twoje dobre i złe uczynki, tak że kłamstwa na nic się nie zdadzą. Jama uwiąże ci powróz u szyi i poprowadzi za sobą; poderżnie ci gardło, wydrze serce, wypruje jelita, będzie ssać twój mózg, pić krew, pożerać ciało, kruszyć w zębach twe kości, lecz ich nie połamie. Ciało rozedrze ci na strzępy, ale jakoś ocalejesz.

Tortury te jednak przyczynią ci wielu cierpień, toteż podczas rachowania białych kamyków nie lękaj się i nie trwóż; nie uciekaj się do kłamstw, nie obawiaj się Jamy. Jest on twoim »ciałem umysłu«, więc choć pragnie cię zabić i torturować, nie może spowodować twojej śmierci. W istocie jest on tylko wizerunkiem twojej śunjaty, więc nie musisz się go bać. Wszystkie zjawy Jamy są jedynie złudnymi emanacjami śunjaty. Jest to śunjata »ciała umysłowego« twoich złych nawyków, a przecież śunjata nie może zaszkodzić śunjacie; to, co pozbawione jest istoty, nie może szkodzić temu, co pozbawione istoty. Pojawiające się od strony nierzeczywistych, złudnych, własnych twoich emanacji, czy też pochodzące z tamtej strony zjawy Jamy, bogów, demonów albo rakszasów o głowie byka i im podobne kształty pozbawione są substancjalności i takimi je postrzegaj. Zrozum, że są one tym samym, co bar-do! Wchodź w głęboką medytację mahamudry, a jeśli tego nie potrafisz, to przynajmniej spoglądaj śmiało na te napawające cię taką trwogą istoty. Patrz na nie jako na wytwory śunjaty, pozbawione własnej istoty. Jest to tak zwana dharmakaja. Ponieważ ta śunjata nie jest całkowitą nicością, jej istota budzi lęk, dlatego wpatruj się w nią całym swoim umysłem. Jest to istota sambhogakaji. Świetlistość i śunjata nie rozdzielają się, przeto istotą śunjaty jest świetlistość, świetlistości zaś — śunjata. Tak tedy Umysł — nierozdzielna śunjata-świetlistość — zostaje obnażony i bytuje teraz w sferze tego, co niestworzone. Jest to forma samoistności, *swabhawikakaja*[7]. Wynurzające się z niej bez przeszkód formy jej samoistnej gry są nirmanakają Wielkiego Miłosierdzia.

Szlachetny synu! Teraz patrz z niezachwianą uwagą! Poprzez samo tylko zrozumienie osiągniesz stan buddy w jego poczwórnym ciele[8]. Bacz pilnie! Ta przestrzeń oddziela buddów i istoty żywe. To bardzo ważna chwila! Jeśli teraz nie potrafisz utrzymać uwagi, bez końca błądzić będziesz po bagnach samsary, nigdy z nich się nie wydostaniesz. »W jednej chwili się rozdzielają, w jednej chwili osiągają pełne oświecenie« — te słowa odnoszą się do tej właśnie chwili.

Aż do wczoraj umysł twój był rozproszony, nie rozpoznałeś bar-do, które ci się wówczas pojawiło, dlatego opadły cię strach i trwoga. Toteż bacz bardzo pilnie, bo jeśli i teraz uwaga twoja zachwieje się, przerwany zostanie sznur Wielkiego Miłosierdzia i pójdziesz tam, skąd nie ma wyswobodzenia."

Jeśli [zmarły] rozpozna tutaj właściwie, to — choćby nawet poprzednio nie rozpoznał — dzięki tym pouczeniom osiągnie tutaj wyzwolenie. Do zwykłego laika, nie obznajmionego z medytacją należy przemówić tak:

„Szlachetny synu! Jeżeli nie potrafisz teraz oddać się medytacji, przypomnij sobie Buddę, Dharmę, Sanghę i Wielkie Miłosierdzie, i do nich zanoś błagania! O wszystkich tych budzących lęk i trwogę zjawach medytuj jako o Wielkim Miłosierdziu lub twoim własnym jidamie! Wspomniawszy na twego Guru wyjaw Jamie-Dharmaradży tajemne imiona, jakie otrzymałeś wraz z inicjacjami[9] w świecie ludzi. I nawet gdybyś wpadł do otchłani, nie stanie ci się krzywda, przeto porzuć strach i obawy!"

Gdyby nawet wcześniej [zmarły] nie dostąpił wyzwolenia, to teraz, za sprawą tych pouczeń, uzyska je na pewno. Jeśli jednak nie rozpozna, wyzwolenia nie będzie; dlatego tak ważne jest ponawianie pilnego wysiłku. Znów trzeba zawołać [zmarłego] po imieniu i tak doń mówić:

„Szlachetny synu! Ukazujące się teraz jedna po drugiej zjawy wtrącać cię będą na przemian w rozkosz i okropne cierpienia, niby katapulta lub inna podobna machina. Teraz nie emanuj z siebie gniewu ani namiętności! Jeżeli masz się odrodzić w niebie, ukazywać się będą zjawy z nieba; wówczas dla dobra nieboszczyka pozostali na świecie bliscy złożą Jamie w ofierze wiele stworzeń żywych, odbierając im życie. Ukażą ci się wtedy nieczyste zjawy i opanuje cię silna złość i gniew, skutkiem czego wejdziesz w łono i odrodzisz się w piekle. Dlatego bez względu na to, co się dzieje w świecie ludzi, nie wzbudzaj w sobie złości i gniewu, lecz medytuj z miłością i współczuciem.

Dalej: za życia przywiązany byłeś do pozostawionych tam majętności. Teraz, wiedząc, że dostaną się one w obce ręce i korzystać z nich będzie ktoś inny, poczujesz do nich przywiązanie i poweźmiesz złość do pozostawionych tam bliskich. Skutkiem tego wstąpisz w łono i odrodzisz się na pewno albo w piekle, albo wśród pretów, choćbyś miał dane na niebo. Dlatego nawet jeśli odczuwać będziesz afekt do pozostawionych majętności, to przecież nie masz mocy, aby je zabrać. Ze swych bogactw nie będziesz już miał żadnego pożytku, przeto porzuć przywiązanie do nich i pogódź się z tym. Nie żyw zawiści do kogokolwiek, kto będzie użytkował twoje mienie, wyrzuć ją z umysłu. Swoje pragnienie skup w jedną intencję ofiarowania [tych bogactw] twemu Guru i Trzem Klejnotom, i trwaj w stanie wolnym od gniewu i namiętności.

Teraz znów będą odprawiać, gwoli twemu pożytkowi, ceremonie kańka[10] dla Jamy, Króla Śmierci. Choć będą to czynić z myślą o tobie i dla oczyszczenia tych, co poszli do piekieł, to przecież wykonawcami tych obrzędów są ludzie tak pełni przywar, słabości i nieczystości, tak nieuważni i ospali, że gdy ujrzysz i poznasz ich małą wiarę, przewrotne i błędne mniemanie, ich czarny karman zrodzony ze strachu i złości, ich nieczyste poczynania w sprawach Dharmy — wówczas pomyślisz sobie: »Biada im, oni mnie oszukali! Tak, na pewno, oszukali mnie!« I myśl ta wtrąci cię w wielkie przygnębienie, umysł twój ogarnie wielki smutek, skutkiem czego nie zrodzi się w tobie uwielbienie dla jasnej światłości, lecz raczej stracisz ufność i wiarę, toteż wstąpisz w łono i na pewno pójdziesz do niskich sfer samsary. Tak tedy więcej będzie stąd szkody niż pożytku.

Widząc, jak pozostawieni przez ciebie przyjaciele błędnie i nieczysto poczynają sobie z obrzędami Dharmy, pomyślisz: »Cóż, moje własne wyobrażenia są nieczyste. Nie może być nieczystości w nauce Zwycięskiego! To jest tak, jakby w zwierciadle odbijała się moja własna, zmącona cieniem twarz! Wszystko tam dzieje się tak skutkiem mojej nieczystości. Co do tych ludzi zaś: ich ciało jest Sanghą, mowa — świętą Dharmą, myśli — istotą Buddy, przeto w nich jest moje schronienie!«. Szczerym sercem uwielbij je i oczyść swe myśli! W ten sposób wszystko, cokolwiek uczynią pozostawieni przez ciebie bliscy, niezawodnie obróci się na twoje dobro. Dlatego nie zapominaj, że bardzo jest ważne żywić czystą myśl.

Jeżeli masz odrodzić się w jednej z trzech niższych sfer bytu, będą ci się ukazywać zjawy z tej sfery. Ale kiedy zobaczysz, że twoi bliscy sprawują obrzędy Dharmy z czystymi, cnotliwymi sercami, bez domieszki grzechu, że Guru i uczniowie praktykują jasną Dharmę w czystości ciała, mowy i umysłu — wówczas ogarnie cię wielka radość i mocą tej radości właśnie wstąpisz w łono, a choćbyś miał pierwotnie pójść do piekieł, na pewno odrodzisz się w niebiosach. Toteż jest to bardzo pożyteczne. Bardzo jest ważne, abyś wyzbył się nieczystych myśli i ze czcią nieobjętą jak przestwory świata uwielbiał czyste. A więc bacz pilnie!

Szlachetny synu! Krótko można powiedzieć tak: ponieważ teraz, w bar-do, umysł twój pozbawiony jest podpory, a ukazujące się w tej niestałej przestrzeni zjawy dobre i złe obdarzone są wielką siłą — nie myśl o tych, które są owocem złego karmana, lecz jeśli zgromadziłeś był dobre uczynki, przypominaj je sobie. Jeśli ich nie masz, to przynajmniej polecaj się ufnie i ze czcią czystym myślom. Zanoś błagania do twojego jidama i do Wielkiego Miłosierdzia. Intensywnie się koncentrując, odmów te oto błagania:

»Ach, gdy tak tutaj błądzę samotnie, oddzielony od miłych przyjaciół i gdy ukazują mi się samoistne postaci śunjaty — niechaj mnie ratuje moc miłosierdzia buddów, niech nie opada mnie trwoga i panika bar-do!

Gdy z powodu złego karmana doświadczam wielu udręk, niechże je wszystkie rozproszy moc mego jidama!

Gdy rozlega się tutaj samoistny potężny grzmot dharmaty — niechże wszystek on zmieni się w dźwięk sześciosylabowej mantry!

Gdy tak tu dążę śladami karmana, pozbawiony schronienia — niechaj schronieniem będzie mi Wielkie Miłosierdzie!

Gdy tak doświadczam tu udręk wywołanych przez karmana złych nawyków — niechże zajaśnieje przede mną błogość samadhi!«

Takie oto błaganie wypowiedz głośno, a ono na pewno poprowadzi cię. Jest to bardzo ważne, ono cię nie oszuka."

Gdy wypowiesz te słowa, [umarły] przypomni sobie, zapamięta i dostąpi wyzwolenia. Ale nawet po kilkakrotnym powtórzeniu będą duże trudności z rozpoznaniem na skutek przemożnego złego karmana; wtedy znów należy wielokrotnie powtórzyć, i wielka z tego będzie korzyść. Znów zawołać [zmarłego] po imieniu i tak doń przemówić:

„Szlachetny synu! Jeżeli przypomniałeś sobie to wszystko, ale nie przyswoiłeś należycie, to odtąd twoje ciało z poprzedniego żywota będzie się stawać mętne i niewyraźne, ciało zaś życia przyszłego będzie coraz wyraźniejsze. Dlatego pomyślisz: »Gdziekolwiek się odrodzę, będę cierpiał podobne męki, a więc poszukam sobie jakiegokolwiek ciała«. Będziesz krążył tu i tam, bezładnie, i zajaśnieją przed tobą światłości z sześciu sfer bytu. Wstąpisz w tę, która wskutek twojej siły karmicznej zajaśnieje najmocniej.

Szlachetny synu, posłuchaj! Może ktoś spytać: »Jakie jest to światło sześciu sfer?«. Otóż światłość z dziedziny bogów jest biała i matowa; podobnie matowe, ale czerwone, jest światło asurów.

Światło ludzi jest niebieskie, zwierząt — zielone, pretów — żółte. A światło z piekieł jest koloru dymu, matowe. Takie są światłości z sześciu sfer bytu.

Podobnie i kolor ciała będzie taki, jaki jest kolor sfery, w której [zmarły] ma się odrodzić.

Szlachetny synu! W owej chwili bardzo ważne jest zrozumienie sensu pouczeń i wskazówek; po pojawieniu się którejkolwiek ze światłości zacznij ją medytować jako Wielkie Miłosierdzie. Gdy pojawi się światłość, medytuj ją myśląc: »To jest Wielkie Miłosierdzie«. Oto najważniejszy sens głębokiej nauki. Jest to bardzo ważne, bo zapobiega narodzinom.

I znów medytuj długo nad tym, że twój jidam to tylko ułudna zjawa, nie mająca własnego bytu. Jest to tak zwane czyste ciało złudy. Wówczas jidam niech zniknie z krańców i niech na chwilę wstąpi w sferę nie osadzonej w niczym, nie utworzonej z niczego świetlistej pustki.

I znów medytuj jidama i światłość. Po takiej chwilowej, pełnej uwielbienia medytacji umysł twój zniknie z krańców; przestrzeń, jaką wypełnia niebo, wypełni umysł. Spokojnie wstępuj w sferę niedziałającej dharmakaji, wolnej od »ja«. W taki sposób zapobiega się narodzinom."

Ci jednak, którzy nie przykładali się do praktyk i medytacji, nie zrozumieją sensu pouczeń, pobłądzą i podejdą do bramy łona, toteż bardzo są ważne te wskazówki zamykające bramy łona. Zawołać zmarłego po imieniu i tak doń przemówić:

„Szlachetny synu! Jeżeli nie przyswoiłeś sobie powyższych pouczeń, to teraz, pchany mocą karmana, będziesz miał wrażenie, jakbyś wspinał się pod górę, chodził tam i z powrotem albo spadał głową w dół. Potem ukażą się zjawy istot żywych; wtedy medytuj Wielkie Miłosierdzie, przypominaj je sobie.

Następnie, wedle tego, co ci wcześniej powiedziano, ukaże się twoja zjawa jakby prześladowana przez gromadę ludzi, chłostana wichurą, kurniawą, gradem, spowita w ciemność zmierzchania.

Zaczniesz uciekać. Tym, którzy nie mieli zgromadzonych zasług, zda się, że trafili w miejsce pełne cierpień; tym, którzy mieli zgromadzone zasługi, zda się, że dotarli do miejsca pełnego błogości i szczęścia. Wtedy, szlachetny synu, i tobie pokażą się wszelkie znaki co do tego, na jakim narodzisz się kontynencie i w jakiej sytuacji, toteż słuchaj bardzo uważnie, gdyż wieloraki i bardzo ważny jest sens tych wskazówek. Nawet jeśli nie pojąłeś należycie sensu wcześniejszych pouczeń, to tutaj, choćbyś słabo był obeznany z praktyką medytacyjną, zdołasz zrozumieć ich istotę. Dlatego słuchaj."

Teraz bardzo jest ważna pilna uwaga, bo pozwoli ona na zamknięcie bram łona. Sposoby są tutaj dwa: przeszkodzenie osobie, która wchodzi w łono, oraz zamknięcie go. A oto pouczenie, jak przeszkodzić:

„Szlachetny synu (wymienić imię), jakiekolwiek bóstwo będące twym jidamem z istoty swojej jest złudą nie mającą własnego jestestwa, niby odbicie księżyca w wodzie; winieneś jasno widzieć to w ten sposób. Jeśli nie masz określonego jidama, jest nim Pan Wielkiego Miłosierdzia. Odtwarzaj go sobie dokładnie w medytacji i wyraźnie go sobie wyobrażaj. Następnie zniknie on z krańców, ty zaś medytuj świetlistą pustkę, bez żadnego obiektu. Oto jest ważny i głęboki sens. [Autorytety] twierdzą, że w ten sposób unika się wstąpienia w łono, a więc medytuj w taki sposób.

Gdyby i to cię nie zatrzymało i już już miałbyś wstąpić w łono — są jeszcze głębokie pouczenia o drugim sposobie; tedy słuchaj! Powtarzaj za mną te oto słowa *Głównych strof bar-do*:

»Ach, gdy oto ukazuje mi się bar-do życia, mocno skupiam swój umysł; staram się usilnie przedłużyć skutki dobrego karmana.

Zamknęły się bramy łona; trzeba pamiętać o tym, by nie postąpić wstecz; jest teraz czas i potrzeba dzielności i jasnej myśli.

Porzuć zawiść i medytuj nad twym Guru oraz *jab-jum*!«

Wypowiedz te słowa głośno i wyraźnie, tak aby pobudzić pamięć; bardzo jest ważne, abyś rozmyślał nad sensem tych słów i zapamiętał je. A oto i on: słowa »gdy ukazuje mi się bar-do życia« znaczą, że teraz błądzisz po bar-do życia, a oznaką tego jest, że kiedy spojrzysz w lustro wody, nie ujrzysz w nim swego odbicia i że twoje ciało nie rzuca cienia. Obecne twoje ciało nie jest obleczone w materię — w mięso i krew, co jest znakiem, iż tu, w bar-do życia, wędruje »ciało umysłowe«. Toteż musisz teraz skupić całą swoją uwagę i skoncentrować się. To właśnie mocne skupienie jest obecnie najważniejsze, musi ono być jak wędzidło na pysku konia. Gdy osiągniesz to mocne skupienie umysłu, wszystko stanie się możliwe: nie obracaj w umyśle złych uczynków. Teraz przypomnij sobie Dharmę, wszelkie nauki, pouczenia, wskazówki oraz przekazy mocy[11], jakie otrzymałeś w świecie ludzi, a także to *Pouczenie o wyzwoleniu z bar-do przez słuchanie*. Staraj się usilnie przedłużyć działanie dobrego karmana. To bardzo ważne! Nie zapominaj! Natęż uwagę! Teraz jest czas, kiedy oddzielona będzie droga w górę od drogi w dół. Teraz jest czas, kiedy jedna chwila gnuśności na zawsze wtrąci cię w cierpienie, i czas, kiedy mocna koncentracja zapewni ci wieczną szczęśliwość. Przeto skupiaj swego ducha! Przedłużaj działanie dobrego karmana! »Przyszła teraz chwila zamykania bram łona; gdy one się zamkną, pamiętaj, by nie dać pociągnąć się wstecz! W tym czasie trzeba ci pilnego wysiłku i jasnej myśli!« Takie są te pouczenia i należy działać stosownie do nich.

Najpierw co do zamykania bram łona: jest tu pięć metod. Należy dobrze je sobie przyswoić.

Szlachetny synu, w owej chwili ukażą ci się postacie istot męskich i żeńskich w trakcie płodzenia; gdy tak je ujrzysz, nie wchodź pomiędzy nie. Pomyśl, że te męskie i żeńskie istoty to twój Guru w postaci *jab-jum* — tak o nich medytuj i w umyśle oddaj im hołd bardzo kornie i z wielkim uwielbieniem. Sama tylko mocna koncentracja myśli na pragnieniu otrzymania pouczeń Dharmy wystarczy do zamknięcia bram łona. Jeśliby jednak okazało się to niewystarczające i już zamierzałbyś wstąpić w łono, medytuj swojego Guru w postaci *jab-jum* jako jidama, albo jidama jako Pana Wielkiego Miłosierdzia w postaci *jab-jum*, i w myśli złóż im ofiarę rzeczywistą. Z wielką czcią błagaj go w myśli o Najwyższe Urzeczywistnienie; tym sposobem łono zostanie zamknięte.

Jeśliby jednak i to nie pomogło, i już zamierzałbyś wstąpić w łono, masz tutaj trzeci sposób na powściągnięcie żądzy narodzin.

Cztery są formy rodzenia się na świat: z jaja, z łona, drogą cudu oraz z ciepła i wilgoci. Z tych czterech rodzenie się z jaja i z łona są do siebie podobne. Tak więc, jeżeli wędrując ujrzysz splecionych w objęciu mężczyznę i kobietę, pchany siłą żądzy [narodzin] wstąpisz w łono i możesz się narodzić jako koń, ptak, pies czy człowiek, i tak dalej.

Jeśli masz się narodzić jako istota płci męskiej, ukaże ci się własny wizerunek męski, i uczujesz silną złość do ojca, zazdrość zaś i gorący afekt poweźmiesz ku matce.

Jeśli masz się narodzić istotą płci żeńskiej, ukaże ci się własny twój wizerunek żeński i uczujesz silną zawiść oraz zazdrość wobec matki, wobec ojca zaś — gorący afekt i bolesną tęsknotę. Z tej to przyczyny pójdziesz ku łonu i wstąpisz w nie; tam znajdziesz się wewnątrz zlepka białego i czerwonego nasienia i z radością doświadczyć zechcesz narodzin. Świadomość omdleje w tobie z tej rozkoszy i odejdzie, ty zaś formować się będziesz w kulisty i podługowaty embrion, a gdy ciało twoje ukształtuje się zupełnie, poprzez łono matki wychyniesz na zewnątrz, otworzysz oczy i stwierdzisz, żeś narodził się szczenięciem. Pierwej byłeś człowiekiem, teraz w postaci psiej przyszedłeś świat w norze pośród psów, by cierpieć udręki ich życia. Podobnie możesz narodzić się w chlewie wśród wieprzów, w mrowisku pośród mrówek, pośród robaków, krów, kóz, owiec i innych podobnych stworzeń — i nie będzie dla ciebie powrotu. Będziesz musiał znosić najprzeróżniejsze udręki okropnej głupoty, tępoty i bezmyślności. Podobnie jest z narodzinami w pozostałych sferach samsary — piekła, pretów i tak dalej; cierpi się w nich bezmierne utrapienia i katusze. Czyż jest coś większego i okropniejszego niż to? Niestety! Straszne to jest, ach, niestety! Dlatego ci, co nie otrzymali wskazówek od najlepszego Guru, będą się błąkać w ten sposób, aż runą w bezdenną otchłań, by cierpieć tam nieprzerwane okropne męki. Toteż słuchaj moich słów. Dobrze zakarbuj sobie w pamięci moje pouczenia! Teraz otrzymasz wskazówki i nauki, jak zamykać bramy łona i powściągnąć żądzę narodzin. Słuchaj i zapamiętaj! »Bramy łona się zamknęły, pamiętaj teraz, by się nie cofnąć! Przyszedł czas, gdy potrzeba ci pilnej wytrwałości i jasnej myśli. Porzuć zazdrość i medytuj twojego Guru w postaci *jab-jum*!« — tak powiadają [Mistrzowie]. Stosownie do tego, jeśli masz się narodzić jako istota płci męskiej, poczujesz miłość do matki, do ojca zaś — złość; jeśli masz się narodzić jako istota płci żeńskiej, poczujesz miłość do ojca, złość zaś do matki. Pojawi się też zawiść! To jest głębokie pouczenie na ową chwilę.

Synu, gdy zrodzą się w tobie takie właśnie uczucia miłości i nienawiści, medytuj w ten sposób: »Ach, wcześniej błądziłem po samsarze wskutek tego, że podobnie jak te stworzenia zgromadziłem złego karmana, toteż teraz odczuwam miłość i nienawiść, i dlatego błąkam się [nadal]. Jeśli będę oddawać się tym uczuciom, bez końca błądzić będę tutaj, i długo będę pływać po głębokich odmętach oceanu cierpień. Odtąd nie poddam się już miłości i nienawiści. Ach, niestety«. Teraz z całą mocą skup swego ducha na myśli o tym, by nigdy nie żywić uczuć miłości i nienawiści; samo to wystarczy do zamknięcia bram łona — powiadają Tantry.

Szlachetny synu, natęż uwagę, skoncentruj się! Jeśliby wszelako i to nie zamknęło bram łona i już już zamierzałbyś w nie wstępować — zamkniesz je z pomocą pouczeń pokazujących, że wszystko jest nieprawdą i omamem. Medytować masz w taki sposób: »Ach, ojciec i matka, czarny deszcz, zawierucha, dudnienie grzmotów, okropne zjawy — wszystkie te kształty obdarzone istnieniem pozbawione są prawdziwego bytu, to iluzja. Cokolwiek mi się ukazuje — to omam, nieprawda. Wszystkie te rzeczy są złudzeniem, kłamstwem, jak miraż. Są nietrwałe, przemijające. Jakiż więc pożytek z miłości? Na cóż zda się strach i przerażenie? To jest jakby widzieć coś, czego nie ma. Wszystkie one są jedynie emanacjami mego własnego ducha. Sam ten duch jest złudzeniem, nigdy naprawdę nie istniał, wyłania się on gdzieś z drugiej strony. Przedtem nigdy tak o tym nie myślałem i to, co nie istnieje, brałem za istniejące; to, co nierzeczywiste, brałem za rzeczywiste. Ułudę brałem za rzeczywistość i dlatego tak muszę błądzić w samsarze! Jeżeli teraz jeszcze nie rozpoznam w nich iluzji, to długo będę wędrował po kręgu samsary i na pewno utkwię w bagnie jej różnorakich i mnogich udręk. Wszystkie [te rzeczy] są niczym sen, omam, są jak echo, jak napowietrzne miasto Gandharwów[12], jak miraż, jak odbicie w lustrze. Jak widziadło, jak księżyc w wodzie, ani przez chwilę nie mające prawdziwej istności«. Skoncentruj się na myśli, że z pewnością nie są one rzeczywiste, lecz pozorne; w ten sposób wyzbędziesz się przekonania o ich rzeczywistym istnieniu. Jeśli zdasz się w tym na słowo Tantr, przeciwstawisz się wierze w jaźń. Skoro tylko szczerze przyznasz w taki sposób, że wszystko to jest pozorem, niezawodnie bramy łona zostaną zamknięte. Ale jeśli nawet uczyniwszy tak nie zniszczysz przekonania o rzeczywistym istnieniu — bramy łona się nie zamkną i już już będziesz miał w nie wstąpić. Oto głębokie pouczenie.

Szlachetny synu, jeśli pomimo twoich wysiłków bramy łona nie zamkną się, medytuj nad jasną światłością; to jest piąta metoda, z której pomocą je zamkniesz. Sposób medytowania jest następujący: wszystkie te rzeczy są twoim własnym umysłem, przeto ten umysł jest jak śunjata — niezrodzony, niepodlegający śmierci. Z myślą twoją, duchem i umysłem, niech ci się nic nie miesza, niech trwa on sam w sobie, na swój sposób, podobnie jak woda wlana do wody — spokojny, czysty, zwarty, nie utworzony. Tak medytując, bez wątpienia zamkniesz bramy łona czterech rodzajów narodzin. Ponawiaj dopóty taką medytację, dopóki nie zostaną one zamknięte".

Podane dotychczas pouczenia co do zamykania bram łona są bardzo głębokie i wiele razy okazały się skuteczne; stosując je, wszystkie trzy kategorie ludzi — najsilniejsi, przeciętni i najsłabsi — nie mogą nie osiągnąć wyzwolenia. Ktoś mógłby spytać: dlaczego? Otóż, po pierwsze: świadomość w bar-do, w której tkwi wyraźna wiedza o własnych nędzach i występkach, wszystko, cokolwiek powiem, natychmiast usłyszy. Po drugie: choćby kto był głuchy i ślepy, odzyskuje wówczas pełnię władz i pojmuje każde słowo. Po trzecie: przez cały czas prześladuje go lęk i strach, więc pamiętając, jakie to okropne, uspokaja się, natęża uwagę i słucha wszystkiego, co mówię. Po czwarte: świadomość pozbawiona jest teraz oparcia cielesnego, przeto łatwo jest skupić jej rozpierzchnięte pragnienia i pokierować nimi. Pamięć staje się dziewięciokrotnie trwalsza, toteż nawet umysł kogoś bardzo tępego rozjaśnia się wtedy za sprawą karmana, tak że z łatwością uczy się wszystkiego i potrafi medytować. Oto i główne przyczyny. Z tych samych powodów bardzo jest korzystne odprawianie obrzędów [za zmarłych]. Dlatego właśnie jest tak ważne pilne odczytywanie tego *Wyzwolenia z bar-do przez słuchanie* aż do czterdziestego dziewiątego dnia.

Jeśli [zmarły] nie osiągnie wyzwolenia po jednym pouczeniu, osiągnie je po drugim. Dlatego trzeba te pouczenia powtarzać wiele razy, nie tylko raz. Albowiem jest też wiele rodzajów ludzi, którzy nie osiągają wyzwolenia. Są to ci, co nie przykładali się zbytnio do dobrych uczynków, i ci, co zawsze z upodobaniem czynili zło, i tacy, co skutkiem zaciemnienia umysłu licznymi i wielkimi występkami nie potrafią pojąć wyższych wskazówek, jakkolwiek będą natężać się w medytacji. Jeśli nie potrafili oni zamknąć łona wedle tego, co powiedziano wyżej, to teraz, poniżej, zostaną im wyłożone głębokie wskazówki i rady co do tego, jak mają wybierać łono. Należy wezwać na pomoc buddów, bodhisattwów i mocarzy, wyrzec formułę o Schronieniu, trzykroć zawołać zmarłego po imieniu i przemówić doń tak:

„Szlachetny synu (wymienić imię), któryś odszedł spośród żywych, słuchaj! Ponieważ nie zrozumiałeś udzielonych ci wcześniej pouczeń, tak że nie zamknęły się bramy łona — teraz nadszedł dla ciebie czas oblekania się w ciało. Wiele jest — nie jeden — rodzajów jasnych i głębokich wskazówek co do tego, jakie masz obrać łono, tak więc skup swój umysł i uważnie słuchaj, mocno się koncentrując.

Szlachetny synu, teraz pojawiać się będą przed tobą kontynenty, na których będziesz się rodził, oraz ich różne znaki i przymioty; masz je rozpoznać. Otrzymasz rady co do znaków kontynentu, na którym się narodzisz.

Gdybyś miał się narodzić na kontynencie wschodnim o nazwie Purwawideha, ujrzysz jezioro zdobne w piękne gęsi i gąsiory. Bacz, byś tam nie szedł, zawracaj! Narodziwszy się tam będziesz wprawdzie żył w szczęściu i rozkoszy, ale nie poznasz Dharmy, bo na tym kontynencie nie głosi się jej, dlatego nie wstępuj nań.

Kontynent południowy, Dżambudwipa, pojawi się w kształcie pięknego, wygodnego domu. Wstępuj do niego!

Gdybyś miał się narodzić na kontynencie zachodnim o nazwie Aparagodanija — ujrzysz jezioro zdobne w piękne ogiery i klacze. Nie idź tam, cofnij się! Jest to kontynent dobrobytu i wielkiego szczęścia, ale nie głoszą na nim Dharmy, przeto nie wchodź tam.

Gdybyś miał się narodzić na kontynencie północnym zwanym Uttarakuru, ukaże ci się jezioro zdobne w byki lub zielone drzewa. Takie są owe znaki twoich narodzin; masz je rozpoznać! Tam też nie wstępuj. Żyje się na tym kontynencie długo i zacnie, ale nie głosi się na nim Dharmy, przeto nie wchodź tam!

Jeśli miałbyś się narodzić w sferze bogów, zobaczysz przepyszną wielopiętrową świątynię całą z różnorakich drogocennych klejnotów. Wstępuj tam, jeśli możesz!

Gdybyś miał się narodzić jako asura, ujrzysz rozkoszny park i coś jakby wirujące kręgi ognia; nie wchodź tam za żadną cenę, pamiętaj, by zawrócić!

Gdybyś miał się narodzić jako zwierzę, zobaczysz szczelinę w skałach, dziury jak w mrowisku, chaty kryte strzechą i coś jakby gęstą mgłę. Tutaj także nie wchodź!

Gdybyś miał się narodzić w sferze pretów, ujrzysz kikuty drzew, coś jak falujące cienie, lub jak rozrzucone mrowiska, jak chwiejne cienie. Jeśli tam pójdziesz, narodzisz się jako preta i doświadczać będziesz różnorakich mąk głodu i pragnienia. Pamiętaj więc: nie chodź tam, zawracaj! Bądź dzielny i wytrwały!

Gdybyś miał narodzić się w piekle, za sprawą złego karmana usłyszysz miły śpiew; albo nie będziesz miał sił, by się oprzeć i wejdziesz, albo też ujrzysz jakby mroczny kontynent lub czarny dom, lub czerwony dom, albo ciemny wykop, albo ciemny gościniec; tak się ukazuje piekło. Jeśli tam wstąpisz, wpadniesz do piekieł, gdzie będziesz cierpiał nieznośne udręki gorąca i zimna, i skąd nigdy nie wyjdziesz. Tak więc musisz uważać, by tam nie wstępować i za żadną cenę nie utkwić w piekle. Pamiętaj: po zamknięciu bram łona masz się wycofać!".

Tak trzeba teraz przemawiać:

„Szlachetny synu! Chociaż nie masz ochoty iść dalej, to jednak idziesz wbrew swej woli, bo z tyłu ściga cię okrutny prześladowca — moc karmana. Przed tobą — oprawca, którym kieruje żądza mordu, i mrok; i będzie cię chłostać potężna zawierucha i tnący deszcz ze śniegiem, i grad, i zadymka; ujrzysz też pierzchające postacie. Zlękniesz się tego wszystkiego i będziesz szukać schronienia, usiłując znaleźć ocalenie we wspomnianych wyżej rozkosznych siedzibach, rozpadlinach skalnych, wykopach, parkach, w kielichach lotosów i innych kwiatów. Ukrywszy się w nich, będziesz bał się wyjść, pomyślisz więc: »Nie, teraz nie mogę się stąd ruszyć« — i powodowany obawą rozstania się z tym schronieniem poczujesz do niego wielkie przywiązanie. Z obawy spotkania po wyjściu na zewnątrz wszystkich tych przerażających zwidów bar-do poweźmiesz ku nim lęk i nienawiść; schowany tam w środku przybierzesz na siebie byle jakie nędzne ciało i będziesz cierpieć wszelkiego rodzaju męki. Jest to znak, że demony zamyślają działać na twoją szkodę, dlatego tak bardzo ważne jest to pouczenie na ową chwilę. Słuchaj więc i dobrze je zrozum!

Wówczas, ścigany przez okrutnego oprawcę i bez sił, wydany na pastwę przerażenia i trwogi, w jednej chwili odzyskasz pełnię pamięci. Ukaże ci się wielki i wspaniały Budda Heruka lub Hajagriwa albo Wadżrapani — lub inny będący twoim jidamem — o potężnym ciele i krzepkich członkach, miażdżący na proch wszelkie demony, w postaci gniewnej, budzącej trwogę, w całej okazałości. Mocą jego błogosławieństwa i miłosierdzia odpadną od ciebie prześladowcy i dana ci będzie zdolność wybrania sobie łona. Toteż pojmij dobrze istotę tych pouczeń, bo jest ona głęboka i wyrazista.

Szlachetny synu, musisz też wiedzieć, że bogowie medytacji i inne im podobne istoty kierują swymi narodzinami posługując się mocą głębokiej samadhi. Prety i im podobne demony różnych rodzajów — a jest ich wiele — w samym bar-do stają się emanacjami świadomości i mogą ukazywać się w złudnej magicznej postaci demonów i rakszasów. »Ciało umysłu« przekształci się właśnie w któregoś z nich. Prety mieszkające w głębinach mórz i latające po niebie, i wszelkie inne rodzaje demonów, których jest osiemdziesiąt tysięcy, przybiorą postać »ciała umysłu« i tak się będą pojawiać.

Wówczas najlepiej by było, gdybyś rozpamiętywał śunjatę-mahamudrę, lecz jeśli tego nie potrafisz — poddawaj się tej jakby grze pozorów i złudzeń. Jeśli i do tego nie jesteś zdolny, nie przywiązuj się duchem do niczego. Medytując Jidama Wielkiego Miłosierdzia już tu, w bar-do, staniesz się sambhogakają Buddy.

Szlachetny synu, jeżeli skutkiem działania mocy karmana będziesz musiał wstąpić w łono, to masz tutaj podane wskazówki i rady co do wybierania bram łona. Słuchaj!

Nie wchodź w jakiekolwiek, pierwsze lepsze łono! Jeśli pojawi się oprawca, a ty nie będziesz na tyle silny, by nie wstąpić w łono — to medytuj Hajagriwę.

Twoja inteligencja jest teraz bardzo subtelna, więc rozpoznasz wszystkie te ukazujące ci się kolejno siedziby [samsary], toteż wybieraj! Są dwa pouczenia co do wyboru: pierwsze dotyczy przeniesienia do czystej sfery buddów, drugie — wstąpienia poprzez bramy łona w nieczystą samsarę. Postępuj stosownie do nich.

Ci o największych zdolnościach wzniosą się do Czystej Siedziby Niebieskiej. Kierować będzie nimi takie pragnienie: »Ach, jakie to przykre tkwić tutaj, w bagnie samsary, przez tak długi czas — przez niezliczone, niepamiętne eony! Ach, czemuż w ciągu tego całego czasu nie zostałem jeszcze wyzwolony przez buddów! Coraz większy wstręt czuję do tej błędnej wędrówki po samsarze, coraz większy jest strach i coraz tu ciemniej. Teraz zbieram się do ucieczki stąd. Muszę się znaleźć u stóp Buddy Amitabhy w zachodnim niebie Sukhawati, cudownie odrodzić się tam w kielichu lotosu!« — tak pomyślisz, przeto z upodobaniem i pilnością skupiaj się w medytacji obszaru zachodniego nieba Sukhwati. Nadto, jeśli będziesz pilnie i żarliwie skupiał się w medytacji nieba Doskonałej Czystości, nieba Zupełnej Radości, nieba Akanisztha, nieba Alakawati, Góry Potala[13], Boskiego Pałacu Lotosów Blasku w Urgjan — to na pewno odrodzisz się w którymś z nich.

Gdybyś zaś pragnął znaleźć się w pobliżu bodhisattwy Maitreji w niebie Tuszita — to skupiaj się na takiej myśli: »Oto teraz, w bar-do, nadeszła chwila pójścia do nieba Tuszita, gdzie bytuje król niezwyciężonej Dharmy. Idę tam«. Koncentrując się mocno i żarliwie, narodzisz się w pobliżu Maitreji, w kielichu lotosu, cudownym sposobem.

Jeślibyś jednak osiągnąć tego nie mógł i musiał wstępować w łono, do nieczystej samsary — tutaj masz wskazówki co do wybierania go sobie. Słuchaj!

Wedle tego, co powiedziano wyżej, masz wybrać sobie jeden z kontynentów. Przepatrzywszy je okiem jasnej, subtelnej wiedzy, wstąpisz na taki, na którym szerzy się Dharmę. Gdybyś miał się narodzić magicznym sposobem w miejscu nieczystym, pełnym brudu i plugastwa, zrodzi się w tobie upodobanie do kupy nieczystości; wyda ci się ona miła i narodzisz się w niej. Jakiekolwiek zjawy tego rodzaju ci się pokażą — nie lgnij do nich, nie okazuj im też nienawiści, lecz wybieraj sobie czyste łono. Ważne jest tu gorące pragnienie, przeto postępuj tak:

»Ach, obym dla dobra wszystkich żywych istot mógł narodzić się w doskonałym ciele króla Wszechświata, Czakrawartina, lub szlachetnego bramina, wielkiego jak drzewo sala[14], lub syna jakiegoś siddhy, w nieskalanej tradycji Dharmy, jako syn religijnych rodziców!« — na tej myśli się skupiając, wchodzisz w łono. Wówczas łono, w które wstępujesz, błogosław jako pałac bogów i zanoś błagania do buddów dziesięciu stron świata, bodhisattwów i Mocarzy, do wszelkich jidamów, szczególnie zaś do Pana Wielkiego Miłosierdzia. Wstępując w łono błagaj o udzielenie mocy.

Ale nawet wybierając łono w ten sposób można pobłądzić i skutkiem działania karmana łono dobre ujrzeć jako złe, złe zaś ujrzeć jako dobre. To błąd, dlatego też tak ważny jest w owej chwili sens tego pouczenia. Masz postąpić tak: jeżeli ukaże ci się zjawa dobrego łona, nie lgnij do niego z sympatią. Jeżeli ukaże ci się zjawa złego łona — nie odpychaj go z niechęcią. Wyzbyć się chęci przyjęcia i odrzucenia tego, co dobre i złe, wstępować w sferę spokojnej, zrównoważonej medytacji wolnej od uczuć sympatii i niechęci — oto czysta i głęboka istota [tego pouczenia]. Niewielu tylko ludzi potrafi ją sobie przyswoić; jest to trudne, człowiek bowiem tkwi we władzy chorobliwych, złych nawyków i skłonności, nie potrafi uwolnić się od uczuć niechęci i sympatii, przeto cofa się i szuka schronienia pośród podobnych zwierzętom ludzi nieprawych i najsłabszego ducha".

Znów zawołać [zmarłego] po imieniu i mówić doń tak:

„Szlachetny synu, skoro nie umiałeś wybrać sobie łona i nie potrafiłeś uwolnić się od sympatii i niechęci — ukazujące ci się przedtem różnorakie zjawy zawołaj imieniem Trzech Klejnotów i szukaj w nich schronienia. Zanoś błagania do Pana Wielkiego Miłosierdzia, unieś głowę do góry i idź dalej. Rozpoznaj bar-do! Porzuć afekt do pozostawionych bliskich, synów, córek i przyjaciół! Teraz nie mogą ci oni pomóc. Wstępuj w niebieską światłość ze sfery ludzi, w białą światłość bogów! Wstępuj w pałac z klejnotów, w rozkoszny park!".

Powtórzyć te słowa siedem razy, za czym zmówić błagania do buddów, bodhisattwów i mocarzy, odczytać *Błaganie o ochronę przed trwogami bar-do* i *Błaganie o wyrwanie z wąskiego przesmyku bar-do* — do siedmiu razy. Potem należy wyraźnie i głośno przeczytać tekst *Wyzwolenia przez noszenie, samoczynnie wyzwalające skandhy*, a także *Wyzwolenia przez praktykowanie Dharmy, uwalniające samoczynnie od złych skłonności*. Postępując w ten sposób, jogin o wysokim intelekcie dokona w chwili śmierci przeniesienia świadomości, tak że nie będzie musiał błąkać się po bar-do i łatwo osiągnie wyzwolenie.

Ludzie niżej od niego stojący swymi zdolnościami rozpoznają w bar-do chwili śmierci światłość dharmaty i dążąc w górę łatwo osiągają stan buddy.

Człowiekowi stojącemu jeszcze niżej w bar-do dharmaty ukazują się w ciągu kilku tygodni różne spokojne i gniewne zjawy; nawet jeśli różnorakie skutki karmana i jego własne zdolności nie zdołają go wyzwolić od razu, to jednak za którymś razem osiągnie on wyzwolenie.

A zatem większość ludzi, rozpoznając stopniowo różne etapy wąskiego przesmyku, zyskuje wyzwolenie.

Natomiast ludzie o słabym działaniu dobrych skutków karmicznych i obciążeni wielkimi występkami i skażeniami muszą wędrować jeszcze niżej, w bar-do życia.

Tam uzyskane stosownie do stopnia [zdolności] różnorakie wskazówki i pouczenia pozwalają im właściwie rozpoznać — jeśli nie za pierwszym razem, to za innym — i osiągnąć wyzwolenie.

Choć wszyscy tacy ludzie o bardzo słabych dobrych skutkach karmicznych nie potrafią rozpoznać i wpadną w moc lęku i przerażenia — to, postępując wedle tych różnorakich pouczeń o zamykaniu i wybieraniu bram łona, rozpoznają właściwie — jeśli nie za pierwszym, to za innym razem, i jednocząc się z przedmiotem medytacji osiągają wzniosły stan bezmiernej zasługi.

Ci najgorsi, choćby byli podobni zwierzętom, uzyskają bezmierną zasługę uciekając się do Trzech Schronień i zawrócą z drogi do piekieł. Wezmą na siebie drogocenne, zupełnie rzadko i trudno osiągalne ciało człowiecze, i spotkawszy w następnym życiu Guru i przyjaciół Dharmy otrzymają od nich pouczenia, dzięki którym dostąpią wyzwolenia. W bar-do życia dosięgnie ich ta nauka, więc podobnie jak rynna położona w zniszczonym kanale nawadniającym, wskazówki te przedłużą działanie dobrego karmana. Po wysłuchaniu tych pouczeń nawet ludzie bardzo niegodziwi nie mogą nie dostąpić wyzwolenia. A dlaczego? — mógłby ktoś spytać. Otóż w bar-do człowiek spotyka się zarówno z miłosierdziem tłumu dewów i wszystkich buddów spokojnych i gniewnych, jak i z demonami i złymi mocami usiłującymi mu przeszkodzić. Wtedy, tylko skutkiem usłyszenia tej nauki, człowiek zmienia swe nastawienie i dostępuje wyzwolenia. Ta zmiana przychodzi łatwo, gdyż jest on jedynie „ciałem umysłu", pozbawionym oparcia z krwi i mięsa. Choćby długo błądził w bar-do, to przecież — wyposażony w subtelną inteligencję karmiczną — widzi i słyszy [doskonale], toteż zapamiętuje i przyswaja bardzo dobrze, momentalnie potrafiąc zmienić swój umysł; stąd wielka jest korzyść i pożytek. Podobnie machina miotająca pociski albo ogromny kloc, którego nie może dźwignąć stu ludzi; gdy tylko spuścić go na wodę, w mgnieniu oka można go skierować, dokądkolwiek się tylko zapragnie. Podobnie z koniem, którym powoduje się założywszy mu wędzidło na pysk. Jeśli więc zwłok zmarłego jeszcze nie zabrano, w ich pobliżu przyjaciele powinni ustawicznie głośno powtarzać [ten tekst], aż do chwili, gdy z nosa pocieknie [mu] krew lub ropa. Do tego czasu nie należy zwłok ruszać. Należy przy nich odprawić ceremonie za zmarłych, zgodnie ze ślubami Samaji, ale nie wolno zabijać zwierząt [na ofiarę]. Ktokolwiek jest wówczas przy zwłokach — przyjaciele, bliscy — nie powinni wznosić krzyków bólu ani lamentów, ani okazywać zmartwienia ani wzdychać, lecz tylko wykonywać jak najwięcej dobrych uczynków.

Poza tym bardzo jest też ważne nieustanne odczytywanie pouczeń dołączonych na końcu *Wielkiego wyzwolenia z bar-do przez słuchanie*[15]. Gdy rychłe nadejście śmierci jest już pewne, należy wdrażać umysł do sensu ich słów oraz brzmienia. Trzeba rozpoznać oznaki umierania; wówczas, jeśli umierający potrafi recytować tekst o własnych siłach, niechaj to czyni i wbija sobie w umysł te pouczenia. Jeśli nie jest w stanie, niech przyjaciele i bliscy poszukają tekstu i wyraźnie go odczytają. Tym sposobem bez wątpienia zapewnią mu wyzwolenie.

Nauka ta obywa się bez praktyk medytacyjnych; wyzwolenie osiąga się tu przez samo tylko ujrzenie, usłyszenie i przeczytanie — oto głęboka istota tych pouczeń.

Jeżeli zmarły, choćby i wielki niegodziwiec, prowadzony przez te głębokie pouczenia tajemną drogą, będzie się do nich stosował nie zapomniawszy ich słów i sensu, nawet gdyby ścigało go siedem brytanów — to [można powiedzieć, że] lepszych pouczeń na moment śmierci nie znaleźliby nawet buddowie wszechczasów, choćby najpilniej szukali.

Taka jest głęboka nauka, esencja *Wielkiego wyzwolenia z bar-do przez słuchanie*, będąca częścią pouczeń o wyzwoleniu się z bar-do ludzi z krwi i ciała.

Ithi ha tha tha gja gja

(Jest to księga *gter-ma*[16], sprowadzona przez siddhę Kar-ma gling-pa z gór sGam-po-dar. Oby była ona ku pożytkowi Dharmy i istot żywych. *Sarwa mangalam*).

༄༅། །ངོ་མཚར་སངས་རྒྱས་པདྨ་སྐྱེས། །སྐྱེ་འཆི་མི་མངའ་རྡོ་རྗེའི་སྐུ། །
རྣམ་གསུམ་རྒྱལ་བ་ཀུན་ཟི་ཉ་ར་ས་མ་མཛད། །པདྨ་འབྱུང་གནས་ལ་ཕྱག་འཚལ། །

DODATEK I

Z przygotowaniem człowieka do śmierci wiązała się również sztuka identyfikowania i interpretacji znaków zapowiadających śmierć, a to w celu określenia jej — choćby przybliżonej — daty, i dania tym sposobem bodźca umierającemu do poważnego zajęcia się sprawami ostatecznymi. Znaki owe mogły być trojakiego rodzaju: „wewnętrzne", „zewnętrzne" i „tajemne", i obejmowały zarówno symptomy chorobowe, jak i znaki na niebie i w krajobrazie oraz sny.

Dwie pierwsze kategorie odnosiły się w mniejszej lub większej mierze do zdrowia człowieka obserwowanego, i wobec tego ich badanie stanowiło w dawnym Tybecie poniekąd część sztuki lekarskiej oraz wróżbiarskiej. Istotnie, w tybetańskich traktatach medycznych znajdujemy rozdziały poświęcone specjalnie badaniu oznak zbliżającej się śmierci. Jądro pouczeń i wskazówek, pozwalających w porę je zauważyć i właściwie interpretować, wywodzi się najprawdopodobniej z Indii, ze starych ksiąg medycyny indyjskiej, a zwłaszcza z klasycznego dzieła *Czatuszatantra* (Cztery Księgi) — pochodzącego, jak się zdaje, z pierwszych wieków naszej ery — którego sanskrycki oryginał zaginął. Według tradycji buddyjskiej, jego autorem miał być sam Gautama Budda. Traktat liczył 156 rozdziałów w 5900 ślokach (dystychach) i również należał do kategorii „skarbów ukrytych" (*gter-ma*) przez Padmasambhawę. Zgodnie z tradycją wyjął go z centralnego filaru klasztoru bSam-jas w Tybecie słynny Grwa-pa mngon-szes (1012–1090). Miało się to stać w 1083 roku[1]. Traktat przechował się natomiast w przekładzie tybetańskim (pod tytułem *rGjud-bżi*, będącym dokładnym tłumaczeniem tytułu oryginalnego). W drugiej księdze *rGjud-bżi* znajdował się rozdział poświęcony właśnie interesującej nas problematyce[2]. Prezentowany w tym Dodatku tekst wykazuje liczne i uderzające zbieżności (nieraz dosłowne) z owym rozdziałem *rGjud-bżi*, z czego należy wnosić, iż ostatecznie wywodzi się on (co najmniej częściowo) z indyjskiego piśmiennictwa medycznego. Na terenie Tybetu wzbogacił się jednak o niemało motywów i elementów miejscowych, których pochodzenie jest zapewne bardzo stare, może sięgające czasów jeszcze przedbuddyjskich.

W drugiej części poniższego tekstu mamy do czynienia z opisem mistycznej „fizjologii umierania" (resorpcja czterech „żywiołów", z których zbudowane jest ludzkie ciało, wchłanianie „wiatrów", ich ruch w „kanałach" itd.). Opisywane językiem indyjskiej medycyny (*Ajurweda*), procesy te wykazują uderzające podobieństwo do zjawisk psychiczno-fizjologicznych związanych z pewnymi technikami wysoko zaawansowanej medytacji, szczególnie cyklu anuttarajogatantra. Dlatego znawcy tych zagadnień nie wahają się twierdzić, że owe techniki „[...] wzorowane są na umieraniu, stanie pośrednim i ponownych narodzinach", i jeszcze dosadniej — że „[...] opierają się one na symulowaniu śmierci" (J. Hopkins)[3]. Ich cel jest oczywisty — „trening", przygotowanie jogina do stawienia czoła „próbie światłości" w momencie umierania, ewentualnie następnym, już w bar-do.

Zamieszczony niżej tekst nosi tytuł *Zab-cz'os żi-k'ro dgongs-pa rang-grol-gji 'cz'i ltas mc'an ma rang grol legs-par bżugs-so* (Dokładne pouczenie o wyzwoleniu przez obserwację oznak zapowiadających śmierć, [stanowiące część] Głębokiej nauki o wyzwoleniu spod władzy strażników gniewnych oraz spokojnych). Jest on więc ściśle związany z *Bar-do t'os-grol*, zarówno na mocy tradycji (zgodnie z którą „odkrywcą" ich obu był ten sam Kar-ma gling-pa), jak i wskutek pokrewieństwa tematu i terminologii.

ཟབ་ཆོས་ཞི་ཁྲོ་དགོངས་པ་རང་གྲོལ་གྱི་འཆི་ལྟས་
མཚན་མ་རང་གྲོལ་ལེགས་པར་བཞུགས་སོ།།

Zab-cz'os żi-k'ro dgongs-pa rang-grol-gji 'cz'i-ltas mc'an-ma rang-grol legs-par bżugs-so

(Dokładne pouczenie o wyzwoleniu przez obserwację oznak zapowiadających śmierć, [stanowiące część] Głębokiej nauki o wyzwoleniu spod władzy strażników gniewnych oraz spokojnych)

Om Ah! Pokłon jaśniejącym samoistnym blaskiem [bóstwom] gniewnym i spokojnym, Trikaji oraz dewom! Ponieważ warunkiem wyrwania się z mocy [strażników] gniewnych oraz spokojnych jest wyzwolenie się z bar-do przez słuchanie, pouczony teraz będziesz, Szlachetny Synu, o wyzwoleniu się przez obserwowanie oznak śmierci. A więc słuchaj pilnie i uważnie! *Samaja! Kje ma!*

To [ludzkie] ciało zewnętrzne, złudne, powstałe ze współdziałania złożonych czynników karmicznych i przyczyn, jest zespołem nie mogących trwać elementów. Podlegają one zanikowi, tak jak płomień wypalającej się z braku oleju lampy. Przyczyny umierania są rozliczne, a ponieważ nie znamy dokładnej daty zgonu, należy bezustannie obserwować oznaki [nadchodzącej] śmierci i pilnie oddawać się cnocie.

Rodzaj śmierci wszelkich istot żywych i człowieka jest dwojaki: śmierć przedwczesna i śmierć wskutek zaniku [sił życiowych]. Jeżeli uda się przechytrzyć śmierć przedwczesną, nagłą, to można jej zapobiec. Śmierć wskutek zaniku podobna jest do lampy gasnącej z braku tłuszczu. Nawet jeśli się ją przechytrzy, nie ma sposobu, aby ją odwrócić, toteż trzeba gotować się na umieranie.

Najważniejsze ze wszystkich są takie oto sposoby obserwacji oznak. Pouczymy o nich według sześciu ogólnych kategorii. Otóż oznaki śmierci są: zewnętrzne, wewnętrzne, tajemne, dalekie, bliskie i rozproszone.

Rozpoczynając obserwację oznak śmierci należy najpierw złożyć ofiary Guru, jidamowi i dakiniom, trzeba też zjednać sobie strażników dharmy, ofiarowując im tormy[4]. Należy również złożyć dary zaproszonym braciom w Dharmie i [innym] istotom żywym.

Następnie trzeba uważnie, w taki sposób, obserwować oznaki śmierci. Najpierw zespół oznak zewnętrznych. Te oznaki powstają z żywiołów. Pierwsze pojawiają się oznaki rozpadu zespołu czterech żywiołów. Są to zanik apetytu i osłabienie władz zmysłowych. Reakcje ciała, mowy i umysłu stają się gniewne. Nastrój podlega wahaniom, jest zmienny, sny zaś — niespokojne i zmącone. Cera i barwa ciała stają się nieokreślone, w życiu zaś następują różne nieprzyjemne zdarzenia. Oto najwcześniejsze oznaki.

Szczególne cielesne oznaki [bliskiej] śmierci są takie: jeśli paznokcie rąk i nóg stają się bezkrwiste i tracą połysk, człowiek umrze po dziewięciu miesiącach i [...][5] połowie dnia. Jeśli wypadają mu włosy z brwi, umrze po pięciu miesiącach. Jeśli włosy na potylicy podwijają mu się ku górze, umrze po trzech miesiącach. Jeżeli jednocześnie wypróżnia się, oddaje mocz i kicha — jest to znak [zbliżającej się] śmierci. Rozdzielanie się moczu na dwie strużki, słabnięcie i omdlewanie wszystkich członków ciała, oddawanie kału i moczu razem z nasieniem, inna niż dotychczas woń ciała, zmiana w zachowaniu, zanik wstydu, zblednięcie twarzy, osłabnięcie brzmienia głosu, zmętnienie wzroku, pojawienie się jakby nalotu na kości nosowej, niedokładne widzenie kształtów oraz postrzeganie ich błędnie, utrata słuchu albo słyszenie niedokładne, utrata węchu albo węch niedokładny, utrata smaku albo smak opaczny, utrata zdolności rozumienia albo rozumienie na opak, wyłysienie miejsca pomiędzy brwiami, występowanie wilgoci[6] na głowie — wszystko to są znaki, że [ten człowiek] znalazł się już we władzy Pana Śmierci. Nadto, jeśli w czasie, gdy nie cierpi jeszcze od choroby, po uciśnięciu obu oczu kciukami widzi świetliste aureole, które jednak nie pojawiają się pod lewym okiem — [jest to znak, że] po sześciu miesiącach umrze. Jeśli nie pojawiają się nad okiem, umrze po trzech miesiącach. Jeśli nie pojawiają się nad nosem, umrze po miesiącu, jeśli nie pojawiają się od strony ucha — [umrze] po dwóch miesiącach. Jeżeli nie pojawiają się pod prawym okiem, oznacza to, że umrze po siedmiu dniach; jeśli nie pojawiają się nad okiem — umrze po pięciu [dniach?]; jeśli nie pojawiają się w okolicach ucha — po trzech dniach. Jeżeli nie pojawiają się one w okolicach nosa, to umrze po dwóch dniach, choćby nawet nie chorował.

Jeżeli po zatkaniu obu uszu kciukami pierwszego dnia rankiem nie usłyszy w nich szumu, należy wnosić, że umrze w ciągu sześciu lat. Jeśli szumu nie usłyszy również w drugim dniu, umrze po sześciu latach i dwu miesiącach. W ten sposób każdy [dodatkowy] dzień oznaczać będzie przesunięcie daty śmierci o trzy miesiące. Jeśli szum nie pojawi się nawet po kilku dniach, [człowiek ów] umrze po tyluż wielokrotnościach trzech miesięcy. Nie da się jednak ustalić dokładnej daty [śmierci] — twierdzą autorytety.

Dalej, oznakami [zbliżającej się śmierci] są gniew i złość, a także doznawanie uczucia strachu i trwogi, gdziekolwiek się [ów człowiek] znajdzie. Wyzbywa się on wiary religijnej i poszanowania dla niej, sierdzi się na ludzi zacnych. Gdziekolwiek się znajdzie, okazuje zły humor i już chce sobie pójść. Upodobanie znajduje w tym, co niezgodne z Dharmą, oraz w zamęcie i zgiełku spraw światowych. Tacy ludzie są pełni żądzy, gniewu i zazdrości. Wszystko to są oznaki, że wpadli w szpony Pana Śmierci.

Są to tak zwane „zewnętrzne oznaki śmierci". Autorytety powiadają, że jeśli przechytrzy się śmierć, można je odwrócić. Sposoby odwracania śmierci i przechytrzenia jej należy rozważać tak, jak „oznaki wewnętrzne".

Po drugie. Obserwacja oznak wewnętrznych. Są dwa jej rodzaje: obserwacja „wiatru"[7] oraz snów. „Wiatr" należy badać w sposób następujący. Wybrawszy czas, kiedy dzień jest równy z nocą, pierwszego dnia usiąść w kucki i z wyprostowanym tułowiem wypowiedzieć Siedem Przysiąg Wairoczany; za każdym razem obserwować wypływanie „wiatru" z wewnątrz. Jeżeli „wiatr" wychodzi przez lewe nozdrze, po trzech dniach o tej samej godzinie wyjdzie znów z prawego nozdrza. Potem, czwartego dnia rankiem, należy rozsypać ziarna jęczmienia [?]; z prawego nozdrza wyjdzie „wiatr". Następnie trzeba odczekać, aż upłyną trzy dni. W ten sposób co trzy dni wychodzić będzie [„wiatr"] to z lewego, to z prawego nozdrza, i wówczas, gdy tak na przemian będzie wchodził i wychodził, należy dokładnie, nie opuszczając, liczyć dni. Tym sposobem, rachując dokładnie czas, stwierdzamy po upływie półtora miesiąca (licząc od końca), że — jak twierdzą autorytety — [człowiek] umrze po sześciu miesiącach. Po miesiącu (licząc od końca) pojawiają się — jak twierdzą — groźne i poważne symptomy. Po upływie połowy miesiąca (licząc od końca) pojawi się choroba; po kilku dniach (licząc od końca) chory stanie się gadatliwy itp. Jeśli na dziesięć dni [przed śmiercią] nie wysłucha pouczenia o „przeniesieniu świadomości", to umrze, nim zdąży tego dokonać. Jeśli „wiatr" wychodzi jednocześnie ze wszystkich trzech otworów — obu nozdrzy i ust — [chory] umrze w połowie dnia. [Autorytety] uczą, że umrze, gdy wypływ „wiatru" z nozdrzy ustanie, lecz jeszcze przed jego przejściem do ust.

Po drugie. Obserwacja oznak śmierci w snach. Sny wieczorne i śnione po południu nie są godne wiary. Pewne są tylko te, które występują w czasie od brzasku do poranka. Jeżeli człowiekowi śni się, że jedzie na szczurze albo na białej małpie o czerwonej twarzy, kierując się na wschód, oznacza to — jak uczą — że [człowiek ten] zostanie zabity przez króla. Jeżeli [we śnie] cwałuje na tygrysie, lisicy, bawole, wieprzu, wielbłądzie albo ośle, kierując się na południe, i sen ten się powtarza — to jest znak, że poszedł już w moc Pana Śmierci.

Jeżeli śni mu się, że spożywa nieczystą strawę, ubrany jest na czarno, schodzi w dół, albo że dostał się do klatki, że mocno oplątały go sieci, że członki ma skrępowane żelaznymi łańcuchami, albo że spółkuje z jakimiś czarnymi postaciami lub zwierzętami — wszystkie takie sny są zapowiedzią śmierci. Jeżeli we śnie pojawia mu się bardzo rozgniewana czarna kobieta z obnażonym brzuchem, pokazująca swoje wnętrze, albo gdy wychodzi mu naprzeciw czarny człowiek z żelazną pałką, podchodzi doń mówiąc „idzierny!" i obwiązuje go w pasie powrozem, a potem ciągnie za sobą; jeżeli ujrzy we śnie otaczające go zewsząd bez końca rowy i płoty, albo zobaczy, że znajduje się w długim, czerwonym zamku, albo że sam obcina sobie głowę, inni ją niosą, jego zaś otacza gromada kraczących złowróżbnie kruków i lamentujących pretów; gdy ujrzy we śnie tańce i obrzęd zaślubin, albo siebie samego, nagiego, z wygolonym zarostem, albo że towarzyszy mu tłum trupów i że wloką go one; albo że skacze do wody lub w bagno, gdzie połykają go ryby, albo że ucieka w głąb łona i tam układa się do snu; albo że toczy bój, w którym przegrywa, zwycięstwo zaś odnosi wróg, albo że odziany jest na czerwono, nosi czerwone ozdoby i zrywa czerwone kwiaty; albo że pnie się pod górę [koloru] czerwonego laku lub że głowę owiniętą ma czerwonym jedwabiem; albo że na głowie rosną mu gałęzie, w nich zaś ptaki uwiły sobie gniazdo; albo że wielokrotnie śpi na strasznym placu kremacyjnym; albo że — choć sam jest stary — dźwiga zesztywniałe zwłoki[8], albo że słońce i księżyc o zmierzchu opuszczają się na równinę, albo że sam wpada głową w dół do głębokiej jamy, albo że tańczy z gromadą rakszasów; albo też że błądzi gdzieś po rozległych i dalekich krainach nie wiedząc po co i dlaczego, i myśląc, że nigdy już nie wróci — wszystkie te sny są nieprzyjemne i jeśli stopniowo nie ustąpią, człowiek, choć nie choruje, umrze w ciągu roku (jeśli ciągle tak mu się będzie śniło). Jeśli śnić mu się będzie, że słońce i księżyc ulegają zaćmieniu i upadają na ziemię, albo znów zachodzą — umrą jego ojciec, matka lub Guru. Są chorzy, przeto umrą — uczą [autorytety].

To są tak zwane „oznaki wewnętrzne". Nieco trudniej je przechytrzyć niż poprzednie.

Teraz pouczenie o trzeciej kategorii oznak zapowiadających śmierć, zwanych „tajemnymi". Gdy pojawiają się oznaki zewnętrzne i wewnętrzne, należy uporczywie starać się je sprytnie przechytrzyć, aby zapobiec [śmierci]; jeżeli tych zapowiedzi zewnętrznych i wewnętrznych nie uda się odwrócić, trzeba przystąpić do badania oznak tajemnych.

Najpierw należy wzbudzić w sobie intensywną bodhiczittę, potem zaś wypowiedzieć formułę Trzech Schronień.

Pierwszego dnia rano trzeba zrzucić „krople"[9] i obserwować je. Jeżeli sperma mężczyzny zmieni barwę na czarną, wydzielina zaś miesięczna kobiety — na białą, to umrą po dwóch miesiącach — tak twierdzą [autorytety]. Jeśli nasienie mężczyzny przybierze barwę czerwoną, to umrze on po sześciu miesiącach. Jeżeli nasienie będzie białe, nieskazitelne, znaczy to, iż nie istnieją żadne „przeszkody"[10]. Wówczas, bez zmniejszania gorąca[11], wdychać przez nos. Jest to zabieg „przechytrzania śmierci". Dalej, jeżeli ów człowiek nie będzie czuł, jak wypływa zeń sperma, i jeśli pokażą się w niej rozproszone kropelki jakby rtęć, wielkości ziaren sezamu — również i to zapowiada śmierć, twierdzą [autorytety]. Kobieta umrze, jeśli jej wydzielina miesięczna upływa bez przerwy i gdy jednocześnie śni się jej, że zrywa czerwone kwiaty. Dalej, nawet ktoś, kto unika w postępowaniu splamień karmicznych [kleśa], umrze po czterech miesiącach, jeśli cierpi na nieprzerwany upływ nasienia — twierdzą [autorytety]. Jeżeli około otworu jego wadżry[12] pojawiają się nagle nie widywane tam wcześniej czarne brodawki, wystąpi też splamienie [umysłu] lubieżnością i chęcią nieprzerwanej rozpusty, w głowie zaś [ów człowiek] będzie miał tylko kobiety i złamie śluby dotyczące trzech władz — oznacza to, że umrze oraz że trafi do Piekła Wadżry[13]. Jeżeli tedy nie wzbudzi w sobie stosownej skruchy, będzie zawsze doświadczał udręk piekła. Jest to sposób polegający na „przechytrzaniu tajemnej śmierci poprzez skruchę", trudniejszy aniżeli opisany wyżej. Takie są tajemne oznaki [nadchodzącej] śmierci.

Po czwarte. „Odległe" oznaki śmierci. Badanie zapowiedzi śmierci [w skali] roku i miesiąca. Oto sposób badania odmian nieba i kształtów [pojawiających się na nim]. Dotyczy to umierania i nieumierania, odwracania [śmierci] i nieodwracania. Trzeba złożyć ofiary Guru i Trzem Klejnotom, tormami uczcić dakinie i strażników Dharmy, zmówić formułę Trzech Schronień, a potem rozpocząć obserwację.

Należy wybrać miejsce odosobnione, z którego dobrze widać niebo, i usiadłszy wygodnie, samotnie, pierwszego dnia rano i po południu, piętnastego zaś dnia wieczorem, a także nazajutrz, gdy niebo jest jasne, bezchmurne, i gdy nie ma wiatru — intensywnie zmówić prośby, po czym wypowiedzieć tę oto mantrę: „om ajuśesarahakarare śware hum phat!". Wypowiedzieć ją sto jeden razy, zaczem powstać i po siedmiokroć oddać pokłon bóstwom stron świata. Następnie wyprostować i wyciągnąć wszystkie cztery kończyny, i trzymając w dłoniach różaniec albo [jakiś] symbol buddy, w sercu cienia nakreślić A[14]. Utkwiwszy intensywnie wzrok w tej literze, wpatrywać się w nią przenikliwie i koncentrować na niej umysł. Jeżeli oboje oczu znieruchomieje[?], to spoglądając w przestwór bezchmurnego nieba [człowiek] ujrzy zarys własnego ciała. Jeżeli ma ono głowę i tułów nie uszkodzone i otoczone jest białawoszarą poświatą, oznacza to, że przeszkody karmiczne nie istnieją, śmierć nie grozi; to dobra oznaka. Jeśli na niebie nie pojawia się ta sylwetka, trzeba odprawić obrzęd kadzenia [?] i usiąść w pozycji medytacyjnej buddy[15], złożyć dłonie i spoglądać jak poprzednio. Jeżeli sylwetka bez ułomności się nie pokaże, [to znaczy, że] niebo jest zasłonięte chmurami lub wichurą, należy zatem obserwować później, gdy niebo będzie jasne. Są tu trzy sprawy: określenie terminu, kształtu i koloru. Najpierw obserwacja pozwalająca określić rok. Zniknięcie znaku trzymanego w dłoni oznacza tak zwane „oddzielenie bóstwa ziemi"; życie dobiegnie kresu w ciągu siedmiu lat. Jeśli [sylwetka] nie ma prawej ręki, śmierć nastąpi za pięć lat; jeśli brak jej lewej — po upływie trzech lat. Jeśli nie ma prawej nogi do kolana, [człowiek ten] umrze za dwa lata, jeśli nie ma lewej — za rok.

Następnie określenie miesiąca. Jeśli kształt nie ma prawej strony głowy, [człowiek] umrze za dziewięć miesięcy, jeśli brak mu lewej strony — za siedem. Gdy brak mu górnej części szyi, umrze po pięciu miesiącach, gdy nie ma jej wcale — po trzech. Jeżeli brak mu górnej części klatki piersiowej, umrze po dwu miesiącach, jeśli nie ma dolnej jej części — po miesiącu.

Po trzecie — określanie dnia. Jeżeli nie ma prawej strony tułowia, umrze po dwudziestu dziewięciu dniach. Brak lewej strony oznacza śmierć po dwudziestu jeden dniach.

Dalej, należy obserwować kształt[16] — w taki sposób. Jeżeli jest on w kwadracie, [człowiek] umrze po pięciu miesiącach. Jeśli w kole — po czterech miesiącach. Jeśli w półksiężycu — po trzech miesiącach. Jeżeli w ... [?] — po dwóch miesiącach. Te oznaki można „przechytrzyć", a więc i odwrócić śmierć. Jeżeli kształt jest w trójkącie, śmierć przyjdzie za miesiąc. Gdy sylwetka jest podobna do owalu, [człowiek] umrze za pół miesiąca; jeśli ma kształt czubka głowy — za dziesięć dni. Wszystkich tych oznak nie da się odwrócić i śmierć bezwarunkowo nastąpi.

Po trzecie, obserwacja kolorów ma przebiegać tak. Białość promieniująca ze środka sylwetki jest oznaką sympatii do nagów i króla asurów. Czerń promieniująca z prawej strony jest oznaką, że [człowieka] pochwyciły demony *bdud* i bogini Ma-mo[17]; to zły znak. Promieniujący ze strony lewej kolor czerwony to znak, że uwikłał się sam [?] i że pochwyciły go demony *bcan*[18] oraz asurowie naczelni. To zapowiedź zranień i chorób. Kolor żółty promieniujący z głowy to oznaka, że pochwycili go nagowie i demony *'gong*[19]. Niebieskość promieniująca z nogi świadczy, że pochwycili go nagowie i demony wodne. Powolne wirowanie to znak, że pochwycili go bogini Ma-mo i Pan Śmierci. Skłębiony żółty tuman to znak bóstwa ziemi. Przelatujące różnobarwne błyski to oznaki ośmiu rodzajów demonów śmierci *'dre*. To właśnie jest rozpoznawanie rozmaitych kolorów. Gdy pojawiają się jakiekolwiek tego rodzaju zapowiedzi śmierci, należy pilnie odprawić obrzędy zażegnujące śmierć. Jeśli, obserwując jak poprzednio, zauważy się, że postać ma wszystkie członki, oznacza to, że śmierć jest „przechytrzona". Jeżeli pomimo trzykrotnego odprawiania ceremonii „przechytrzania śmierci" [człowiek ów] nie wyzdrowieje, z upływem czasu przychodzą oznaki umierania. [Joginowie] o najwyższym zaawansowaniu powinni wtedy chronić się w głęboką wiedzę o istocie wszechrzeczy[20], ci o średnich zdolnościach niechaj medytują swojego jidama oraz uprawiają dwustopniową medytację; ci o najniższych możliwościach niech pilnie oddają się gromadzeniu zasług i pielęgnacji cnót.

To było omówienie obserwacji kształtów na niebie.

A teraz wspomniane już wyżej badanie bliskich zapowiedzi śmierci. Omówione wyżej oznaki występowały, gdy [człowiek] nie był chory. Były to oznaki odległe i po ich zażegnaniu ma on jeszcze dużo mocy. Teraz ów człowiek zostaje pochwycony przez chorobę i pojawiają się takie oto oznaki zapowiadające śmierć. Gdy u nasady zębów tworzy się czarny nalot, jest to tzw. „skupienie demonów żywiołów"; po dziewięciu dniach przychodzi śmierć. Jeśli nozdrza zapadną się i nos się spłaszczy, następuje tzw. „zagrodzenie bramy wiatru" i po dziewięciu dniach przychodzi śmierć. Jeżeli członki już to rozciągają się, już to się kurczą, jest to tzw. „spieszne wspinanie się żywiołów"; po pięciu dniach przychodzi śmierć. Gdy [człowiek] wpatruje się osłupiały, półprzymkniętymi oczyma, jest to tzw. „utrata matki wiatrów"; umrze on po trzech dniach. Jeśli obie szczęki zostaną uszkodzone [?], jest to tzw. „rozdarcie nosa ziemi"; [człowiek] umrze po dziesięciu dniach, o świcie. Ciągłe słabnięcie oddechu to tzw. „oddawanie żywego tchnienia"; [człowiek] umrze po sześciu miesiącach. Gdy koniuszek nosa skręca się wyraźnie to w prawo, to w lewo, jest to tzw. „podcięcie podstawy kolumny nosa"; wówczas człowiek umrze po siedmiu dniach, w nocy. Jeśli nie potrafi ronić łez, jest to tzw. „przeszkoda"; umrze po pięciu dniach. Uszkodzenie lewej szczęki to tzw. „obcięcie gorszego ciała", śmierć przyjdzie wówczas po jednym dniu. Jeżeli górne i dolne otwory są wypełnione, jest to tzw. „odcięcie dróg żywiołom"; wówczas człowiek umrze po trzech i pół dniach. Pojawienie się czarnych brodawek na języku oznacza, że umrze na pewno po dwóch dniach. Jeżeli uszy się spłaszczają i przylegają do głowy, następuje tzw. „zablokowanie progów ucha"; w pół dnia później przychodzi śmierć. Uszkodzenie brodawek piersiowych to tzw. „zniszczenie źródeł wody"; [człowiek] umrze za pół miesiąca. Jeśli już to wstaje, już to siada i macha przez długi czas ręką, należy wiedzieć, że umrze wkrótce. Poza tym trzeba jeszcze prowadzić taką oto obserwację oznak. W połowie dnia spojrzeć w kierunku południowym, oparłszy łokcie na kolanach. Ręce wyciągnąć ku górze, dotknąć miejsca między brwiami i wpatrywać się w nie obojgiem oczu. Jeśli będzie widział bardzo wyraźnie, a potem się to przerwie — zachodzi tzw. „zerwanie łączności pomiędzy przestworem niebios a ziemią". Wówczas umrze po dziewiętnastu dniach. Jeżeli we wschodniej stronie ukaże się sadzawka albo staw, po stronie zachodniej — mur wznoszący się na zboczu, zbudowany jakby z warstw cienia i żużlu, pozbawiony szczytu — jest to tzw. „człowiek zjeżdżający na białej lwicy z Góry Meru". Wówczas śmierć nastąpi po szesnastu i pół dniach.

[Następnie] wystrzegając się wszystkiego, co powoduje zamęt i splamienia umysłu, a także picia wina oraz gadulstwa, należy rano, o wschodzie słońca, napełnić miseczkę ofiarną własnym moczem i obserwować. Jeżeli unoszący się z niej opar będzie niebiesko-różowy, a potem zniknie, jest to tzw. „oko tłuszczu świecące na morzu"; [człowiek] niezawodnie umrze po dziewięciu dniach. Jeżeli [opar] jest czarny i kłębi się, [umrze] po jednym dniu. Jeśli jest czerwony i plamisty — po dziewięciu dniach. Jeśli o wschodzie słońca wydziela mocną woń, ale oparu nie ma, jest tzw. „zatrzymanie dymów w miastach przez mnichów"; śmierć nastąpi wówczas dziewiątego dnia. Jeśli nacisnąwszy oboje oczu nie zobaczy świetlnych kręgów, jest to tzw. „niezmienne słońce zachodzące na szczycie Góry Meru"; śmierć nastąpi po trzech albo po siedmiu dniach. Jeśli po zatkaniu kciukami obojga uszu usłyszy szum, który następnie zniknie, jest to tzw. „głos dakiń dobywający się z rozpadlin Góry Meru"; śmierć nastąpi po siedmiu albo trzynastu dniach. Gdy rano słońce grzeje już mocno i jasno, tworząc cień, wilgoć zaś na czole znika, nazywamy to „rośnięciem na szczycie Góry Meru Drzewa Spełniającego Wszelkie

Życzenia"; śmierć przyjdzie po pięciu dniach. Jeżeli Bramę Demonów[21] zamykają włosy w osobliwy sposób podwijające się ku górze, nazywa się to „starciem na Drzewie Spełniającym Życzenia czarnego Pana Śmierci z wrogiem zwanym Jednonogi Ja-ba". Śmierć przychodzi wtedy po siedmiu dniach.

Którekolwiek ze wszystkich tych zapowiedzi śmierci się pojawią, należy dokładnie ustalić [jej] czas, aby po trzykroć dokonać należycie obrzędu „przechytrzania śmierci". Jeśli się to zrobi, można zapobiec przedwczesnemu zgonowi. Obrzęd ten należy praktykować w sposób równie pilny i staranny jak przerażającą Metodę Samowyzwolenia. O ile pomimo trzykrotnego dopełniania ceremonii „przechytrzania" śmierci przechytrzyć się jej nie uda, życie dobiegnie kresu i człowiek na pewno umrze.

Szóste. Pouczenie o rozproszonych oznakach nadchodzącej śmierci. Niezależnie od tego, czy człowiek choruje, czy nie — jeśli nie może dostrzec końca swego nosa, umrze po pięciu miesiącach. Jeśli nie może zobaczyć koniuszka swojego języka, umrze po trzech dniach, choćby nie chorował. Jeżeli w czystym lustrze nie ujrzy swojego lewego oka, umrze po siedmiu miesiącach. Jeżeli dmuchnąwszy mocno „ha" w dłonie poczuje przenikające go gorąco, dmuchnąwszy zaś „phu" — poczuje zimno, trzeba wiedzieć, że umrze po dziesięciu dniach. Jeżeli nie ujrzy w miedzianym naczyniu swojej twarzy i postaci, będzie to zapowiedzią śmierci. Gdy podczas kąpieli w okolicach serca nie osiada mu woda, powyżej [serca] zaś — nie wysycha, oznacza to śmierć. Jeżeli pstryknąwszy palcami nie usłyszy dźwięku, znaczy to, że umrze — twierdzą [autorytety]. Wykrzywianie się łydek na zewnątrz oznacza śmierć po miesiącu. Jeśli w miękkiej ziemi nie wyciska śladu — umrze. Mimo spożywania smacznej i posilnej strawy będzie ciągle opadać z sił, przestanie też rzucać cień; to oznaki zapowiadające śmierć. Jeżeli miał dużo wszy, i one uciekną — umrze. Gdy, przeciwnie niż dotychczas, staje się spokojny i wygasza w sobie gniew, gdy wypełnia się miara jego wcześniejszych postępków, złych i dobrych — jest to oznaka, że umrze. Jeżeli jego odbicie w wodzie, lustrze, albo cień jawią się z uciętymi członkami i bez głowy — zapowiada to śmierć. Jeżeli, inaczej niż uprzednio, członek, piersi i jądra obwisają mu; jeżeli kaszląc wydaje nie znany dotąd świszczący dźwięk, jeśli nie czuje woni dopalającej się lampy — są to oznaki niezawodnej śmierci. Tak właśnie te oraz inne oznaki się ujawniają.

Zmącenie władz umysłu i jego omroczenie, zanik apetytu, który jeszcze do niedawna był dobry, smutek i niechęć w czasie medytacji [ćwiczeń religijnych], niezdolność do usiedzenia w jednym miejscu, owszem, skłonność do zmiany miejsca, przewracanie się na łóżku i bezsenność, coraz większa bladość, chwiejny krok, zapraszanie [dawno nie widzianych] krewnych i chęć spotykania się z nimi, kult dla śmierci i skłonności samobójcze, wałęsanie się samotnie, bez towarzyszy, oraz ochota do wędrowania; ospałość, lenistwo i lękliwość, będące wynikiem poprzedniego charakteru, słabość ciała, będąca wynikiem nagromadzenia różnorakiego złego karmana, sny niespokojne, zmącone, pełne trwogi, zmuszające do głośnego krzyku; nasilające się działanie pięciu trucizn brukających umysł, pogłębiające się nieopanowanie i bezwstyd w postępkach, niejasność w pouczeniach ustnych[22], pojawienie się błędnych przekonań [religijnych], niemożność wytrwania w mocnej bodhiczitcie, owszem ciągłe jej słabnięcie — wszystko to są „bliskie" oznaki [rychłej] śmierci. Rozważywszy je w umyśle, trzeba zmienić postępowanie. To jest pouczenie o oznakach bliskiej śmierci.

A teraz o tym, jak stopniowo zanika pięć władz zmysłowych[23]. Najpierw, tak jak w przypadku znaków zewnętrznych, następuje utrata apetytu, wymioty, spada ciepłota wewnętrzna, która nie dociera już do głowy. [Chory] czuje, jakby głowa zaczynała mu ciążyć w dół. A oto jak następuje resorpcja pięciu żywiołów. Wewnętrzny żywioł „ziemi", znajdujący się w ciele i kościach, stapia się z „ziemią" zewnętrzną; taka jest oznaka. Ociężałe ciało i skóra przechodzą w „ziemię". Oznaką wewnętrzną jest odczucie [chorego], jakby zapadał się w ziemię i znikał. Gdy moc żywiołu ziemi wchłonięta zostaje przez żywioł wody, ciało traci siłę, świadomość zaś ulega zamgleniu. „Woda" wewnętrzna to krew i ropa. Oznaki jej stapiania się z wodą zewnętrzną są takie: śluz cieknie z ust i nosa, wysycha też gardło i język. Moc „wody" jest wchłonięta [z kolei] przez żywioł „ognia", spada przeto ciepłota ciała. Świadomość już to się rozjaśnia, już to mętnieje. Gdy „wewnętrzny ogień" stapia się z „zewnętrznym", oczy biegają w górę, w tył, i nie rozpoznają ludzkich twarzy. Gdy moc „ognia" zostaje wchłonięta przez „wiatr", ciepło się łączy. „Wiatr" wewnętrzny to oddech; oto oznaki jego wchłaniania przez „wiatr" zewnętrzny. Oddech staje się chrapliwy, członki zaczynają drżeć. Znakiem wewnętrznym jest wirowanie, chwiejność świadomości i tym podobne objawy. Coś jakby miraż migoce i błyska; wszy i inne robactwo rzucają się do ucieczki, otrzymana od matki *rakta*[24] wzbiera ku górze, wędruje tzw. „czerwoną drogą". Ukaże się jakby zjawa emanująca czerwony blask. Wówczas rozprzestrzeni się[25] ona i zniknie, i zacznie przeszkadzać czterdzieści zrodzonych z żądzy iluzji[26]. Otrzymany od ojca biały płyn nasienny spływa w dół tzw. „białą drogą"; ukazuje się jakby zjawa emanująca biały blask, rozprzestrzenia się i znika. Zaczynają przeszkadzać trzydzieści trzy iluzje powstałe z nienawiści. Oddech coraz bardziej wyrywa się na zewnątrz, krew z całego ciała gromadzi się w „żyle życia"[27] i wpuszcza jedną kroplę do środka serca. Jest to tzw. „czarna droga", jej czarna zjawa jest przerażająca, podobna do spadania w ciemną otchłań. Wówczas otrzymane składniki[28] rozpływają się, bo blisko już jest najwyższego blasku[29], i zaczyna przeszkadzać siedem zrodzonych z niewiedzy iluzji. [Człowiek] zaczyna ziewać, oczy wywracają mu się w górę i w dół, formy zewnętrzne wydają mu się jakby zachodzącym słońcem. Jego zdolności przypominania i widzenia ulegają zmąceniu, wszystkie kształty postrzega on [jakby] spowite w mrok. Wówczas oddech skraca się mniej więcej o łokieć, wewnętrzne zaś obrazy jakby osnuwają się ciemnością.

Następnie do serca wpadają dwie krople krwi, głowa opada, oddech zaś skraca się mniej więcej o długość strzały. Potem do serca wpadają trzy krople krwi, rozpoczyna się czkawka, oddech zaś skraca się mniej więcej o jeden sążeń[30]. Na „czarnej drodze" następuje utrata świadomości, zewnętrzny dech ustaje. Kiedy w sercu spotykają się „krople" biała i czarna, uczucie ociężałości i omdlałości roztapia się w doznaniu bardzo wyraźnego blasku, jednocześnie zaś [człowiek] doświadcza radości z [przyszłych] narodzin. Świadomość roztapia się w środku serca [jako] dharmata, łącząc się z nią jak syn z matką. Wewnętrzny dech ustaje; „tchnienie" zatrzymuje się w centralnym przewodzie. Wówczas wszystkim ludziom ukazuje się „główna jasność". Niekiedy praktykującym medytację joginom [ukazuje się] w blasku tej drogi matka spotykająca się z synem; wówczas momentalnie zupełnie łatwo osiągają oni stan niepodlegającej śmierci ani narodzinom dharmakaji, wyświadczając bezmierne dobro istotom żywym za pośrednictwem sambhogakaji oraz nirmanakaji. Urzeczywistniając spontanicznie Trikaję, osiągają stan buddy. Dlatego do zrozumienia sensu uzyskania ludzkiego ciała najlepsze są głębokie, tajemne pouczenia; trzeba je sobie przyswoić. Ci, którzy nie rozmyślali nad nimi, nawet ujrzawszy światłość tego sensu nie potrafią jej rozpoznać. Niezmierna jest liczba tych, którzy wobec decyzji, czy mają przyjąć narodziny, czy nie, postępują wbrew otrzymanym pouczeniom i nie rozpoznają światłości; wówczas natychmiast, gdy przyjmują narodziny, świadomość ich spowija gęsty obłok niewiedzy, tak że muszą bez końca błądzić w bezkresnej samsarze. Dlatego tak ważne jest, aby już teraz znaleźć bezpieczne oparcie.

W ten sposób, gdy ustanie i zatrzyma się dech zewnętrzny, ujawniają się znaki wskazujące, gdzie [ów człowiek] się odrodzi. Oto one. Jeśli prawa ręka się porusza, z ust wydobywa się bełkot, pod prawą pachą zaś jest gorąco — odrodzi się w krainie asurów. Jeśli z lewego nozdrza cieknie śluz, któremu towarzyszy świst, w lewym oku zaś jest ciepło — odrodzi się w świecie ludzi. Jeśli z jego ust wydobywają się głosy zwierzęce, z przewodu moczowego cieknie, narządy płciowe zaś są gorące — odrodzi się wśród zwierząt. Jeżeli skóra jest żółta, matowa, z ust zaś cieknie ślina, jakby był głodny, i tryska zeń nasienie — w następnym żywocie będzie pretą. Gdy rzuca tu i tam prawą nogę, wypuszcza kał, sierdzi się i stygną mu stopy — odrodzi się w piekle — tak twierdzą [autorytety]. Jeśli wzbiera w nim pycha, uszy zaś ma gorące i świadomość uchodzi przez nie — odrodzi się wśród jakszów[31].

Jeśli okoliczności są pomyślne, widoki na wyleczenie — niewielkie, jeśli [jego] świadomość jest jasna, jeżeli ma pomoc ze strony Guru oraz krewnych i przyjaciół, i gdy na głowie ukaże się ropa itd. — powinien dokonać „przeniesienia świadomości". Wówczas osiągnie wyzwolenie i będzie mógł odrodzić się w niebie — twierdzą [autorytety]. Dlatego tak ważne jest w chwili śmierci wszystko dobro i zło, jakie człowiek za życia uczynił innym istotom. Stosownie do tego odrodzi się w wyższej lub niższej sferze bytu. Oznaki są takie. W określonym dniu należy obserwować odmiany nieba. Jeśli jest ono czerwonoczarne i zasnute oparem, jeśli dmie potężna wichura — to znak, że [człowiek ów] odrodzi się w piekle. Jeśli na niebie widać żółtawą, falującą poświatę, słońce zaś i księżyc nikną, nie ma silnego wiatru, słońca nie widać; jeśli będzie mżawka lub wieczorem spadnie deszcz — to znak, że [człowiek] odrodzi się w królestwie pretów. Niebo ciemnoczerwone, zbite czarne chmury bez prześwitów, albo gęsta mgła i niebo ciemnoczerwone [wywołujące] niemiłe wrażenie — to znaki, że odrodzi się pośród czworonogów. Niebo brunatnoczerwone, budzące trwogę, zachmurzone, bardzo silny wiatr podnoszący wiry, błyskawice i głośne grzmoty, brak słońca i księżyca — to oznaki, że odrodzi się wśród asurów. Gdy niebo jest czyste i jasne, i widać wyraźnie słońce oraz księżyc, nie ma wiatru — to znaki, że odrodzi się wśród dewów. Kiedy niebo jest jasne z białymi jak jedwab obłoczkami, słońce zaś i księżyc otacza delikatne halo — to znaki, że odrodzi się w świecie ludzi. Takie są szczególne znaki odrodzenia się w którejś z sześciu sfer bytu.

[Autorytety] pouczają, że w kilka — do siedmiu — dni po śmierci należy ciało spalić. Wówczas wystąpią znaki świadczące, że [zmarły] uzyskał dobre powtórne narodziny bądź wstąpił w trikaję albo osiągnął wyzwolenie w niebie. Znaki te należy starannie obserwować stosownie do wskazówek zawartych w pismach dotyczących kremacji zwłok i w poczeniu o wyzwoleniu [z bar-do] przez noszenie [amuletów]. Daty śmierci nie znamy, przeto trzeba obserwować owe znaki. Dlatego w razie ich wystąpienia należy dokonać koniecznych obrzędów[32], wszyscy zaś bliscy [owego człowieka] — jego Guru, krewni i przyjaciele powinni wspólnie wyraźnie recytować pouczenia, a zwłaszcza winni dołożyć starań, żeby mu pomóc w „przeniesieniu świadomości". Trzeba też zaznajomić się z pouczeniami o *Wielkim wyzwoleniu z bar-do przez słuchanie* oraz rozmyślać nad nimi. Gdy wystąpią trzy rodzaje oznak [nadchodzącej] śmierci — zewnętrzne, wewnętrzne i tajemne — i jeśli nie została odprawiona ceremonia „przechytrzania śmierci", to nawet gdy [ów człowiek] pokona własne ciało, gdy zniknie tłum bóstw spokojnych i gniewnych, gdy odwrócił się od wszystkich występków — pójdzie do piekła, o ile złamał swoje ślubowania. Nawet jeśli nie popełnił najcięższych grzechów, jego wina będzie wielka — mówią [autorytety]. Dlatego też — twierdzą — należy starannie dokonać obrzędu „przechytrzania śmierci". Odwrócenie każdej z zewnętrznych i wewnętrznych zapowiedzi śmierci to tzw. „zabijanie bogów". Jeżeli nie uda się uniknąć największych grzechów, i gdy nawet „przechytrzywszy" wszelkie oznaki śmierci nie uda się ich odwrócić — należy zastosować instrukcje o „przeniesieniu świadomości". Jest ono czymś tak wybornym, że jeśli uciec się do niego w odpowiedniej chwili, nawet człowiek obarczony najcięższymi przewinami osiągnie błogość raju i wyzwolenie. Tak uczą Tantry. Zaiste, głęboka jest nauka o *Wyzwoleniu się spod władzy bóstw spokojnych i gniewnych* oraz o *Wyzwoleniu się z bar-do przez słuchanie*! Na jej podstawie wyłożyliśmy tu *Pouczenia o wyzwoleniu się poprzez rozpoznawanie oznak śmierci*. Rozmyślajcie nad nimi, o joginowie przyszłych pokoleń!

Samaja! Rgja Rgja Rgja!

Oby z najszczęśliwszymi dyspozycjami ducha i mądrości spotkały się wytrwałość w wierze i wielkie miłosierdzie!

To *Pouczenie o wyzwoleniu się przez obserwację oznak śmierci* będzie skutecznie działać dopóty, dopóki będzie się obracać koło bytu. *Samaja!*

Księga ze „skarbów ukrytych" Kar-ma gling-py. Na szczęście!

DODATEK II

Od XI w. aż po czasy najnowsze trwała w Tybecie interesująca tradycja „odkrywania Ksiąg", zwanych „skarbami" (*gter-ma*). Są to teksty na ogół ściśle związane z religią buddyjską, przypisywane zaś Padmasambhawie, który ongiś polecił schować je w ziemi, rozpadlinach skalnych, filarach świątyń, drzewach itp., aby w późniejszych czasach, gdy religii zagrozi uwiąd bądź choćby spadek zainteresowania ze strony wyznawców, można było do nich sięgać i podsycić gasnący płomień Dharmy. Niektórzy badacze łączą tę praktykę z afirmacją i umocnieniem idei państwowej oraz narodowej[1]. Mogło też chodzić o uchronienie pewnych ezoterycznych nauk przed heretykami, na ogół jednak lamowie, wprowadzając tę innowację, mieli na względzie „uatrakcyjnienie", jak byśmy dziś powiedzieli, Doktryny, poprzez nadanie jej sankcji dostojnej starożytności i autorytetu „Mistrza z Uddijany" (Padmasambhawy). Wymowne są słowa, jakie czytamy w biografii jednego z najznamienitszych „odkrywców skarbów" (*gter-ston*), lamy Ratna gLing-pa (1403–1479): „Zasadnicze Nauki są nadzwyczaj głębokie, pozwalają one osiągnąć cel wyzwolenia. Ponieważ, ogólnie biorąc, Tybetańczycy l u b i ą w s z y s t k o, c o n o w e (podreślenie moje — I. K.), a w szczególności — dlatego, że w obecnych, niedobrych czasach (*kalijuga*) istoty żyjące zasługują na współczucie, Księgi oraz Skarby zostały ukryte na obszarze całego kraju, w jego środku i poza nim"[2].

Praktyka „odkrywania Ksiąg" związana jest głównie z tzw. Starą Szkołą buddyzmu (rŃing-ma) oraz jej późniejszymi odgałęzieniami.

Istniało w tym względzie kilka „tradycji przekazu" (*brgjud*), w zależności od tego, czy informacja pozwalająca ujawnić dany „skarb" pochodziła z proroctwa Padmasambhawy, z wizji indywidualnej (*dgongs-pa*), czy z innych jeszcze źródeł. Te ezoteryczne „linie przekazu" były niejako własnością całych „dynastii" odkrywców i przechodziły z ojca na syna, z mistrza na ucznia.

Pierwszym w długim szeregu najsłynniejszych „odkrywców skarbów" był Sangs-rgjas bla-ma (ok. 1000–1080). *Tybetańska Księga Umarłych* (*Bar-do T'os-grol*) i teksty pokrewne, należące do kategorii *dgongs-pa*, zostały „odkryte" przez jogina nazwiskiem Kar-ma gLing-pa, który na liście „odkrywców" tej linii, zestawionej przez E.M. Dargyay[3], zajmuje 54. pozycję. Żył on w latach 1326–1386. Poniżej Czytelnik znajduje przekład jego biografii, zamieszczonej w opublikowanym po tybetańsku przez ośrodek w Dharamsali (Indie) pomnikowym słowniku biograficznym Tybetu i buddyzmu tybetańskiego[4]. W biografii tej godne szczególnej uwagi są wątki „folklorystyczne": poszukiwanie eliksiru życia, „cudownego ziela", po które trzeba wędrować gdzieś na krańce albo do „centrum świata" (tutaj symbolizuje je Góra Meru, w innych tradycjach są to na przykład głębiny morza), ptak jako symbol duszy (jednocześnie symbol solarny), jej wędrówka — to motywy dobrze znane z różnych archaicznych mitologii, od sumerskiej poczynając, na szamanistycznych kończąc. W Tybecie wątki te wiążą się na ogół ze starym, przedbuddyjskim substratem kulturowym, określanym zwykle jako „szamanistyczny", i religią Bon.

Biografia Kar-ma gLing-py

Kar-ma gLing-pa urodził się na wschodzie, w Dwags-po[5], w Grong-k'jer skjid-pa [„Przyjemne miasto"], jako syn wielkiego Odkrywcy Skarbów nazwiskiem Ńi-zla Sangs-rgjas[6]. Jeszcze nim ukończył piętnaście lat, z góry lHa-bran gar-bjed-pa 'dra [podobnej do tańczącego bóstwa] we wschodniej krainie Dwags wydobył niezwykłe, osobliwe Księgi Pouczeń: *Zab-cz'os żi-k'ro dgongs-pa rang-grol* [Głęboka nauka o wyzwoleniu się spod władzy bóstw spokojnych oraz gniewnych], *T'ugs-rdże cz'en-po mGon-po sde-brgjad* [Osiem rodów strażników Dharmy, Panów Wielkiego Miłosierdzia] i inne.

Stosownie do polecenia Pana Dharmy[7] ojciec, Wielki Odkrywca Ńi-zla Sangs-rgjas, oraz uczeń imieniem Ńi-zla Cz'os-rdże wraz z Dostojną Małżonką[8] udali się tam, gdzie Odkrywca Skarbów, zachorowawszy od złej strawy, właśnie umierał. Ojcu, Ńi-zla Sangs-rgjasowi, przekazał swoją ostatnią wolę, mówiąc: „Mojej choroby nie wyleczyło żadne z istniejących na świecie zwyczajnych lekarstw, toteż będę musiał sam się wskrzesić[9]. Udam się przeto na Górę Meru, wezmę z północnego jej zbocza eliksir życia i wrócę po trzech dniach. Przez ten czas ojciec będzie strzegł ciała. Niech to obieca!" — tak powiedział.

Po trzech dniach, rano, gdy uczeń i Dostojna Małżonka chcieli spalić ciało, na niebie pojawił się piękny barwny ptak niosący

w dziobie gałązkę z czerwonymi owocami. Przytknął on ją do ust trupa i usiłował weń wstąpić, ale uczeń jął bić go kijem, gałązka z owocami wpadła w ogień i spłonęła. Samowskrzeszenie się jogina nie było już więc możliwe i Odkrywca Skarbów umarł.
Później ojciec, Ńi-zla Sangs-rgjas, uczeń, Ńi-zla Cz'os-rdże, porozdzielali książki i wizerunki bóstw. Teksty dotyczące inicjacji w naukę o wyzwoleniu z bar-do przez słuchanie itp. były dwojakie — kompletne i niekompletne, wszystkie jednak zapewniały wielki pożytek różnorakim żywym istotom.

Zgodnie ze wskazówkami i pouczeniami Kar-ma gLing-py aż do trzeciego pokolenia [należało udostępniać] tylko jeden przekaz [*brgjud*], od trzeciego pokolenia zaś wszystkie istoty żywe mogły bez miary korzystać z tych nauk. Pożytek z nich rozprzestrzenił się bardzo na wschodzie. Stosownie do owych wskazówek, choćby nawet jakieś pokolenie nie mogło wykorzystać Przekazów, ta Tradycja Nauki wzrastała w każdym [pokoleniu]. Rozpowszechniła się ona w prowincjach dbUs, gCang i K'ams, ale chociaż ta Linia Przekazu przechowała się aż do dziś, oddziaływała niezbyt szeroko. Głębokie nauki o wyzwoleniu się spod władzy bóstw spokojnych i gniewnych studiują i przyswajają sobie adepci Starej i Nowej Szkoły oraz Tajemnych Mantr[10] w dbUs, gCang i K'ams, z czego przyjdzie korzyść wszelkim istotom żywym, dopokąd obracać się będzie koło samsary.

DODATEK III

Pierwszy przekład *Tybetańskiej Księgi Umarłych* na język europejski (angielski) był dziełem znanego orientalisty i teozofa W.Y. Evans-Wentza, z którym współpracował tybetański lama Kazi Dawa-Samdup. Tłumaczenie ukazało się w Londynie w 1927 r. Na jego podstawie sporządzono w latach następnych szereg przekładów na inne języki europejskie, m.in. na niemiecki (1935), który miał kilka wydań. Edycja zuryska z 1938 r. otrzymała w charakterze przedmowy komentarz psychologiczny pióra C.C. Junga — jedyny bodaj spośród licznych ówczesnych tego tekstu omówień i komentarzy, który do dziś zachowuje niemal pełną wartość i jest uważany za klasyczny. Wysoko cenią go również mistrzowie tybetańscy.

Zamieszczam go poniżej w tłumaczeniu z wersji angielskiej, będącej dziełem R.F.C. Hulla, a pomieszczonej w tomie pism C.G. Junga pt. *Psyche and Symbol*, A Selection from the Writings of C.G. Jung, Anchor Books, 1958, New York, ss. 283–301.

C. G. Jung

Komentarz psychologiczny do *Tybetańskiej Księgi Umarłych* (*Bar-do T'os-grol*)

Nim przystąpię do właściwego komentarza psychologicznego, chciałbym powiedzieć parę słów o samym tekście. *Tybetańska Księga Umarłych* (*Bar-do T'os-grol*) jest księgą pouczeń dla umarłych i umierających. Podobnie jak egipska *Księga Umarłych*, ma ona pełnić rolę przewodnika dla zmarłego człowieka podczas jego przebywania w bar-do, opisywanym symbolicznie jako trwający 49 dni stan pomiędzy śmiercią a ponownymi narodzinami. Tekst dzieli się na trzy części. Pierwsza, zatytułowana *'Cz'i-k'a'i Bar-do* (Bar-do chwili śmierci), opisuje zjawiska psychiczne dziejące się w momencie śmierci. Część druga — *Cz'os-ńid Bar-do* (Bar-do dharmaty) — opisuje stan marzenia sennego następujący bezpośrednio po śmierci oraz to, co nosi miano „złud karmicznych". Część trzecia — *Srid-pa'i Bar-do* (Bar-do życia, stawania się) — dotyczy pojawienia się instynktu pchającego do narodzin oraz zdarzeń prenatalnych. Charakterystyczne jest, że największą możliwość uzyskania najwyższej wiedzy i oświecenia, a tym samym — osiągnięcia wyzwolenia, nastręcza sam proces umierania. Zaraz potem zaczyna się gra „złud", prowadząca w konsekwencji do ponownego wcielenia się, a to dlatego, że światła dające ową „iluminację" stają się coraz słabsze i bledsze, wizje zaś — coraz bardziej przerażające. Schodzenie w dół symbolizuje oddalanie się świadomości od wyzwalającej prawdy, w miarę jak zbliża się ona do ponownych narodzin w ciele. Celem pouczenia jest skupienie uwagi umarłego — podczas każdego z następujących po sobie etapów wędrówki wśród owych iluzji i pułapek — na istniejącej zawsze, mimo wszystko, możliwości wyzwolenia, oraz wyjaśnienie prawdziwej natury jego wizji. Tekst *Księgi* recytuje lama przy zwłokach.

Nie sądzę, abym mógł lepiej wypłacić się z długu wdzięczności wobec obu pierwszych tłumaczy *Księgi* — nieżyjącego już lamy Kazi Dawa-Samdup i dr. Evans-Wentza — niż próbując za pomocą komentarza psychologicznego przybliżyć nieco umysłowości człowieka Zachodu wspaniały świat idei i problemów zawarty w owym traktacie. Jestem pewien, że każdy, kto uważnie i bez uprzedzeń przeczyta *Księgę*, odniesie z tej lektury wielki pożytek.

Bar-do T'os-grol, trafnie zatytułowane przez jego edytora, dr. W.Y. Evans-Wentza *Tybetańską Księgą Umarłych*, w 1927 r., gdy zostało po raz pierwszy opublikowane, wywołało spore poruszenie w krajach anglojęzycznych. Należy ono do tego rodzaju tekstów, które interesują nie tylko specjalistów od buddyzmu mahajanistycznego, lecz które dzięki swojemu głębokiemu humanizmowi i jeszcze głębszemu wniknięciu w tajniki ludzkiej psyche wywołują szczególny oddźwięk u zwykłych ludzi, pragnących pogłębić swoją wiedzę o życiu. Od wielu lat, od chwili, gdy została opublikowana, *Tybetańska Księga Umarłych* stale mi towarzyszy; zawdzięczam jej nie tylko wiele stymulujących myśli i odkryć, lecz również niemało intuicji o podstawowym znaczeniu. W odróżnieniu od egipskiej *Księgi Umarłych*, która zawsze prowokuje do wypowiedzi zbyt daleko idących bądź też zbyt wstrzemięźliwych, *Bar-do T'os-grol* zawiera zrozumiałą filozofię, adresowaną głównie do ludzi, nie zaś do bogów czy też prymitywnych dzikusów. Mieści ono w sobie kwintesencję buddyjskiej krytyki psychologicznej i można śmiało powiedzieć, że jako takie jest zaiste czymś nieprzewyższonym w swoim rodzaju. Nie tylko „gniewne”, ale i „łagodne” bóstwa *Księga* ujmuje jako samsaryczne projekcje ludzkiej psyche; jest to podejście zupełnie oczywiste dla światłego

Europejczyka, gdyż przypomina mu o jego własnych, banalnych uproszczeniach. Jakkolwiek jednak Europejczyk ów z łatwością zinterpretuje te bóstwa jako projekcje, to przecież nie potrafi traktować ich jako realnych. Dla *Bar-do T'os-grol* jest to możliwe, ponieważ niektóre z najistotniejszych przesłanek metafizycznych tego tekstu zaskakują zarówno wykształconego, jak i niewykształconego Europejczyka. W *Księdze* wszędzie jest obecne, choć nie wyrażone wprost, założenie antynomiczności wszelkich twierdzeń metafizycznych, a także przekonanie o jakościowej różnicy pomiędzy poszczególnymi poziomami świadomości i warunkowanymi przez nie istnościami metafizycznymi. Fundamentem tego niezwykłego tekstu nie jest ciasne europejskie „albo to, albo tamto", lecz hojne, afirmujące „i to, i tamto". Tego rodzaju założenie może się wydać wątpliwe zachodniemu filozofowi, Zachód bowiem lubi jasność i niedwuznaczność. Dlatego jeśli jeden filozof wyznaje pogląd „Bóg istnieje", to drugi równie żarliwie obstaje przy poglądzie, że „Boga nie ma". Co owi skłóceni z sobą jegomoście poczęliby z takim oto zdaniem:

„Gdy rozpoznasz jasną istotę własnego umysłu jako buddę, to spoglądanie w głąb umysłu będzie kontemplacją buddy".

Obawiam się, że takie stwierdzenie zabrzmi obco zarówno w uszach zachodniego filozofa, jak i teologa. *Bar-do T'os-grol* ma nastawienie ze wszech miar psychologiczne, u nas jednak filozofia i teologia tkwią jeszcze w stadium średniowiecznym, przed-psychologicznym, w którym liczą się tylko asercje — tylko ich się słucha, tylko je się wyjaśnia i krytykuje, ich się broni, tylko o nie toczą się spory, podczas gdy wypowiadające owe twierdzenia autorytety zostają, za zgodą powszechną, usunięte poza obręb dyskusji.

Twierdzenia metafizyczne atoli są wypowiedziami psyche i jako takie mają charakter psychologiczny. Umysłowości zachodniej, kompensującej swoje dobrze znane resentymenty nabożną czcią dla wyjaśnień „racjonalnych", ta oczywista prawda wydaje się nazbyt oczywista bądź też odbierana bywa jako niedopuszczalna negacja metafizycznej „prawdy". Człowiek Zachodu, ilekroć słyszy słowo „psychologiczny", odbiera je jako „ach, tylko psychologiczny".

„Dusza" jest dlań czymś żałośnie małym, nieistotnym, osobowym, subiektywnym i czym tam kto jeszcze chce. Wobec tego woli on używać terminu „umysł", choć jednocześnie z upodobaniem utrzymuje, że taka czy inna wypowiedź, mogąca w rzeczywistości być aż nadto subiektywna, jest w istocie dziełem „umysłu" — oczywiście „Umysłu Powszechnego", bądź nawet — w razie potrzeby — samego „Absolutu". To dość śmieszne uroszczenie stanowi zapewne kompensatę za godne pożałowania, drobne rozmiary duszy. Wygląda nawet na to, że w swojej *Wyspie pingwinów* A. France dał wyraz pewnej prawdzie odnoszącej się do całego świata Zachodu, gdy w usta Katarzyny z Aleksandrii włożył taką oto radę pod adresem Boga: „Donnez-leur une âme, mais une petite!" („Daj im dusze, ale maleńkie!").

To właśnie psyche, dysponująca właściwą sobie, boską mocą kreatywną, jest autorką twierdzeń metafizycznych, to ona dokonuje rozgraniczeń pomiędzy istnościami metafizycznymi. Psyche jest nie tylko warunkiem wszelkiej rzeczywistości metafizycznej, lecz samą tą rzeczywistością.

Bar-do T'os-grol rozpoczyna się od stwierdzenia tej wielkiej psychologicznej prawdy. *Księga* nie zawiera opisu ceremoniału pogrzebowego, lecz serię pouczeń dla zmarłego, jest dlań przewodnikiem po bar-do, świecie zmiennych zjawisk, będącym stanem istnienia, który trwa przez 49 dni po śmierci aż do następnego wcielenia. Jeśli zapomnimy na chwilę o ponadczasowości (która dla Wschodu jest czymś zupełnie oczywistym), my, czytelnicy *Bar-do T'os-grol*, możemy bez trudu zająć miejsce owego zmarłego, aby wysłuchać uważnie pouczeń zawartych w części otwierającej *Księgę* i zarysowanych już w cytowanym wyżej ustępie. Teraz lama wypowiada takie oto słowa, a czyni to bez cienia arogancji, owszem, bardzo uprzejmie:

„Szlachetny synu, słuchaj mnie! Oto pojawia się teraz przed tobą nieskazitelna światłość dharmaty. Rozpoznaj ją! Szlachetny synu, to, co teraz postrzegasz jako świetlistą pustą istność, coś pozbawionego przymiotów takich jak kształt, kolor czy ciało — ta więc pusta świetlistość to twój własny umysł, Dharmata Samantabhadri. Gdy zaś równocześnie z tą ukaże się druga jasność, nie zrodzona z niczego, czysta, lśniąca, wyrazista, rozedrgana — wiedz, że jest to [twój] umysł — Budda Samantabhadra".

Tą rzeczywistością jest Ciało Dharmy (*dharmakaja*), stan doskonałego oświecenia; innymi słowy — jak byśmy to ujęli w naszej terminologii — twórczym podłożem wszelkich twierdzeń metafizycznych jest świadomość jako niewidzialne, niepochwytne przejawienie się duszy. „Pustość" (*śunjata*) to stan transcendentny wobec wszelkich asercji i predykatów. Pełnia jej możliwości rozróżniających spoczywa jeszcze ukryta w duszy.

Słyszymy dalej:

„Ten twój umysł — pusta jasność, nie utworzona z jakiejkolwiek substancji, a także ten twój umysł trwający w stanie rozedrganej świetlistości — tworzą nierozerwalną istność; niezróżnicowana jasność i pustka trwająca w wielkim snopie światła, nie znająca narodzin ni śmierci — to Budda Niezmienny Blask".

Z pewnością nie dusza jest mała, lecz samo promieniejące bóstwo. Zachód uważa tego rodzaju stwierdzenie albo za bardzo niebezpieczne (jeśli nie zgoła bluźniercze), albo też przyjmuje je bez zastanowienia, co grozi jego dewaluacją do poziomu teozofii. Tak czy inaczej, nasza postawa wobec tych spraw jest zawsze niewłaściwa. Jeżeli jednak potrafimy ustrzec się naszego głównego błędu polegającego na tym, że zawsze ze wszystkim coś chcemy zrobić i praktycznie to wykorzystać, to może uda nam się wyciągnąć z tych wskazówek ważną naukę, albo przynajmniej docenić wielkość *Księgi*, która przekazuje zmarłemu ową najwyższą i ostateczną prawdę, że nawet bogowie to jedynie emanacje i odblaski naszej własnej duszy. Dla człowieka Wschodu słońce wskutek tego nie ulega zaćmieniu — a tak właśnie odebrałby to chrześcijanin, który poczułby się ograbiony ze swojego Boga. Orient lepiej znosi ten paradoks niż nieszczęsny Anioł Ślązak, który pod względem psychologicznym nawet dziś daleko wyprzedzałby epokę.

Nad wyraz mądre jest w *Bar-do T'os-grol* to, że uzmysławia ono zmarłemu prymat psyche, ponieważ właśnie tego nie uświadamiamy sobie za życia. Jesteśmy tak osaczeni zewsząd i popychani przez tłum napierających na nas, „danych" nam rzeczy, że nigdy nie mamy możności zastanowienia się, kto mianowicie nam je „dał". To właśnie z tego świata „danych" rzeczy wyzwala się umarły, celem zaś pouczeń jest pomóc mu w wyzwoleniu. Jeżeli sami potrafimy umieścić się na jego miejscu, odnosimy nie mniejszą korzyść, bo już na początku dowiemy się, że ów „dawca" tego, co „dane", mieszka w nas. Jest to prawda, która — choć często tak nam potrzebna, a nawet mająca zasadnicze znaczenie — wbrew wszelkiej oczywistości pozostaje dla nas zakryta, zarówno w sprawach największych, jak i najbłahszych. Inna rzecz, że taka wiedza nadaje się tylko dla kontemplatyków dążących do pojęcia celu istnienia, dla tych, którzy z temperamentu są gnostykami, którzy przeto wierzą w zbawiciela noszącego miano — jak w religii mandajskiej — „wiedza życia" (*manda d'hajje*). Prawdopodobnie jedynie nieliczni z nas potrafią postrzegać świat jako coś „danego". Zanim mocą samej natury psyche zaczniemy go widzieć jako „dany", konieczne jest radykalne odwrócenie punktu widzenia, co wymaga wielkich ofiar. Przecież o wiele prostsze, dramatyczniejsze i sugestywniejsze, a więc i bardziej przekonujące, jest postrzeganie świata raczej tak, jakby to rzeczy mnie się przydarzały, niż obserwować, w jaki sposób sam powoduję ich zdarzanie się. W istocie, człowiek wskutek swojej zwierzęcej natury czuje opór wobec postrzegania siebie jako twórcy okoliczności własnego bytu. Oto dlaczego próby w tym kierunku były zawsze przedmiotem tajemnych inicjacji, z reguły kulminujących w symbolicznej śmierci, która obrazuje właśnie totalny charakter owej zmiany postawy. I rzeczywiście, instrukcje zawarte w *Bar-do T'os-grol* mają przypomnieć zmarłemu doświadczenia z inicjacji i nauki jego Guru, bo przecież w gruncie rzeczy pouczenie to jest ni mniej, ni więcej, tylko inicjacją zmarłego w życie bar-do, podobnie jak inicjacja żywego człowieka stanowi przygotowanie do podróży na Tamtą Stronę. W każdym razie o to chodziło we wszystkich kultach misteryjnych starożytności, od Egiptu do Eleusis. Jednakże w przypadku żywych ludzi „Tamta Strona" to nie świat pozagrobowy, lecz zmiana nastawienia umysłu i punktu widzenia, „druga strona" w sensie psychologicznym, lub też — używając terminologii chrześcijańskiej — „odkupienie", uwolnienie z oków świata i grzechu. Odkupienie to wydzielenie i wyzwolenie z uprzedniego stanu mroku i nieświadomości; wiedzie ono ku stanowi oświecenia i swobody, ku zwycięstwu i przekroczeniu wszystkiego, co „dane".

Jak dotąd, *Bar-do T'os-grol* przedstawia proces inicjacyjny (podobnie sądzi dr Evans-Wentz), którego celem jest przywrócenie duszy boskości utraconej podczas narodzin. Dla orientalnej literatury religijnej charakterystyczne jest to, że pouczenia rozpoczynają się zawsze od spraw najważniejszych, od zasad ostatecznych i najwyższych, które u nas przychodziłyby na końcu — jak na przykład u Apulejusza, gdzie Lucjusz zostaje uwielbiony jako Helios właśnie na samym końcu. Stosownie do tego, inicjacja w *Bar-do T'os-grol* to zstępująca seria dramatycznych zdarzeń, kończąca się odrodzeniem w łonie. Jedynym żywym do dziś i praktykowanym na Zachodzie „scenariuszem inicjacyjnym" jest analiza podświadomości stosowana przez lekarzy w celach terapeutycznych. Ta penetracja głębokich warstw świadomości to coś w rodzaju racjonalnej majeutyki w sensie sokratejskim, wydobywanie na powierzchnię treści psychicznych istniejących jeszcze w fazie zalążkowej, podprogowej, jeszcze nie narodzonych. Z początku ta terapia miała formę freudowskiej psychoanalizy i zajmowała się głównie rojeniami seksualnymi. Jest to sfera odpowiadająca ostatniej i najniższej krainie bar-do zwanej Srid-pa'i Bar-do, gdzie zmarły, niezdolny do skorzystania z pouczeń w *'Cz'i-k'a'i Bar-do* i *Cz'os-ńid Bar-do*, stopniowo staje się pastwą rojeń seksualnych — przyciągają go wizje spółkujących par. Następnie pochwycony jest przez łono i ponownie odradza się na ziemskim padole. Jak można było oczekiwać, zaczyna przy tym działać kompleks Edypa. Jeżeli karman zmarłego przesądza o jego narodzinach jako mężczyzny, poczuje on miłość do swojej przyszłej matki, ojciec natomiast wyda mu się odpychający i nienawistny. Odwrotnie, przyszła córka odczuje silną sympatię do przyszłego ojca, niechęć zaś do matki. Europejczyk przechodzi przez tę specyficzną freudowską sytuację, gdy podczas psychoanalizy ujawniane są treści jego podświadomości, ale przechodzi ją w odwrotnym kierunku. Wędruje on z powrotem ku łonu, poprzez świat dziecięcych fantazji seksualnych. W kręgach psychoanalitycznych sugerowano nawet, że samo doświadczenie narodzin ma charakter *par excellence* traumatyczny: więcej nawet, psychoanalitycy twierdzą, że udało im się dotrzeć do wspomnień z życia wewnątrzmacicznego. Tutaj niestety zachodni intelekt osiąga swoją granicę. Mówię „niestety", bo przecież życzylibyśmy sobie, aby psychoanalizie freudowskiej udało się jeszcze głębiej spenetrować owe tak zwane przeżycia wewnątrzmaciczne. Gdyby powiodło się takie śmiałe przedsięwzięcie, zapewne można by wyjść poza srid-pa'i bar-do i przeniknąć „od tyłu" do niższych sfer cz'osńid bar-do. Jednakże przy obecnym stanie naszych wyobrażeń o biologii taki zamiar nie ma chyba szans na sukces; wymagałby on przygotowania filozoficznego o zupełnie odmiennym charakterze niż to, które jest oparte na potocznych przekonaniach naukowych. Jeśliby jednak tę podróż wstecz konsekwentnie kontynuować, niewątpliwie doprowadziłaby ona do postulatu życia przedmacicznego, czyli prawdziwego życia w bar-do, pod warunkiem, że istniałby cień szansy natrafienia na ślad doświadczającego podmiotu. Psychoanalitycy wszakże nigdy nie wyszli poza czyste domniemania, jeśli chodzi o przeżycia wewnątrzmaciczne. Nawet ów słynny „uraz porodowy" nadal jest tylko zwykłym truizmem nie wyjaśniającym niczego, podobnie jak niczego nie wyjaśnia hipoteza, że życie to choroba o złym rokowaniu, gdyż zawsze kończy się zejściem śmiertelnym.

Psychoanaliza freudowska, we wszystkich swoich zasadniczych aspektach, nigdy nie wyszła poza doświadczenia srid-pa'i bar-do, to znaczy nie potrafiła wywikłać się z fantazji seksualnych i im podobnych „sprzecznych" tendencji, wywołujących lęk oraz inne stany afektywne. Niemniej przeto teoria Freuda jest pierwszą na Zachodzie próbą penetracji niejako od dołu, od strony sfery zwierzęcej, instynktowej, obszarów psychiki odpowiadających srid-pa'i bar-do w tantryzmie buddyjskim. Całkowicie uzasadniony strach przed metafizyką uniemożliwił Freudowi wkroczenie do sfery „tajemnej". Na dodatek dla stanu srid-pa'i bar-do (o ile mielibyśmy przyjąć jego psychologię) charakterystyczny jest potężny „wicher karmiczny", pchający zmarłego aż do „bram łona". Innymi słowy, stan srid-pa nie pozwala zmarłemu cofnąć się, gdyż powrotu do stanu cz'os-ńid wzbrania mu przemożne pragnienie posuwania się w dół, ku animalnej sferze instynktu i fizycznych narodzin. Oznacza to, że każdy, kto wnika w sferę podświadomości z nastawieniem czysto biologicznym, ugrzęźnie w królestwie instynktów i nie będzie mógł wydostać się z niego, ponieważ coraz potężniejsze siły ciągnąć go będą w dół, ku egzystencji fizycznej. Dlatego teoria freudowska niezdolna jest wypracować nic ponad zasadniczo negatywną ocenę podświadomości. Mówi ona: „tyle, tylko tyle". Jednocześnie wypada przyznać, że taki pogląd na psyche jest typowy dla Zachodu; Freud wyraził go bardziej bezpośrednio, otwarciej i bezlitośniej, niż inni mieliby odwagę to uczynić, choć w głębi duszy myślą tak samo. Jeśli idzie o to, co w tym kontekście oznacza „umysł", możemy tylko żywić nadzieje, że daje on mocne przekonanie. Jednak nawet Max Scheler zauważył z żalem, że moc takiego „umysłu" wygląda w najlepszym razie wątpliwie.

Sądzę więc, iż możemy przyjąć, że za pomocą psychoanalizy racjonalizujący umysł Zachodu wkroczył na obszar tego, co można by określić mianem neurotyczności stanu srid-pa'i bar-do, gdzie w sposób nieunikniony osadziło go w miejscu i zatrzymało bezkrytycznie przyjęte przekonanie, iż wszystko, co psychiczne, jest subiektywne i osobowe. Ale nawet i w tej sytuacji jest to wielki postęp, ponieważ umożliwił nam wyjście o krok poza nasze świadome życie. Ta wiedza wskazuje również, jak powinniśmy czytać *Bar-do T'os-grol* — mianowicie od końca. Jeżeli nasza zachodnia nauka w jakimś stopniu pomogła nam w zrozumieniu psychologicznego charakteru srid-pa'i bar-do, to naszym następnym zadaniem powinna być próba przyswojenia sobie nauk cz'os-ńid bar-do.

Stan cz'os-ńid to stan „złud karmicznych", czyli iluzji zrodzonych przez residua psychiczne z poprzednich egzystencji. Zgodnie z poglądami orientalnymi karman implikuje coś na kształt psychicznej teorii dziedziczności, opartej na hipotezie reinkarnacji, która ostatecznie sprowadza się do hipotezy ponadczasowości duszy. Za takim przekonaniem nie nadąża ani nasza wiedza naukowa, ani nasz rozum; zbyt dużo tu zastrzeżeń i wątpliwości. Przede wszystkim rozpaczliwie mało wiemy o możliwości dalszego istnienia indywidualnej duszy po śmierci — tak mało, że wprost nie możemy sobie wyobrazić, jak można by czegokolwiek dowieść w tym względzie. Co więcej, wiemy doskonale, że w aspekcie epistemologicznym tego rodzaju dowód byłby równie niemożliwy jak dowód na istnienie Boga. Dlatego też pojęcie karmana możemy ostrożnie przyjąć tylko wtedy, gdy będziemy je rozumieć jako dziedziczność psychiczną w najszerszym znaczeniu. Psychiczna dziedziczność istnieje naprawdę — to znaczy, istnieje w rzeczywistości dziedziczenie charakterystycznych cech psychicznych, takich jak predyspozycje do pewnych chorób, cechy charakteru, szczególne uzdolnienia itd. Psychicznej naturze tych złożonych faktów bynajmniej nie zaprzecza to, że nauki przyrodnicze sprowadzają je do aspektów zewnętrznych, fizycznych (struktury komórkowe itp.). Są one podstawowymi zjawiskami życia, wyrażającymi się głównie psychicznie, podczas gdy inne odziedziczone cechy wyrażają się głównie poprzez fizjologię, na poziomie fizycznym. Spośród tych specyficznych odziedziczonych czynników psychicznych można wyodrębnić osobną kategorię, nie ograniczoną do rodziny czy rasy. Są to powszechne dyspozycje umysłu; należy je rozumieć jako analogiczne do form platońskich (*eidola*), wedle których umysł porządkuje swoje treści. Można by również opisywać te formy jako „kategorie" podobne do kategorii logicznych, obecnych zawsze i wszędzie jako fundamentalne postulaty rozumu. Rzecz jednak w tym, iż w przypadku naszych „form" mamy do czynienia nie z kategoriami rozumu, lecz wyobraźni. Ponieważ wytwory wyobraźni są zawsze w zasadzie wizualne, ich formy muszą natychmiast przybierać charakter obrazów, co więcej

— obrazów typowych. Dlatego, idąc za św. Augustynem, nazywam je „archetypami". Religioznawstwo porównawcze i mitologia to prawdziwe kopalnie archetypów, podobnie jak psychologia marzeń sennych i chorób psychicznych. Zdumiewające analogie pomiędzy tymi obrazami i ideami, których wyrażaniu one służą, często dawały asumpt do formułowania najdziwaczniejszych teorii migracyjnych, choć o wiele prościej byłoby zwrócić uwagę na wyraźne podobieństwa ludzkiej psyche we wszystkich czasach i miejscach. Istotnie, archetypowe, fantazyjne formy odtwarzane są spontanicznie wszędzie i zawsze, jakkolwiek nie udaje się przy tym wykryć żadnych przekonujących śladów bezpośredniej transformacji. Pierwotne elementy strukturalne psyche wykazują jednolitość nie mniej zadziwiającą niż organa ciała widzialnego. Można by powiedzieć, że archetypy są organami psyche przedracjonalnej. Są to dziedziczone od prawieków formy i idee, nie posiadające z początku żadnych swoistych treści. Te pojawiają się dopiero w toku życia indywidualnego, gdy doświadczenia osobnicze w owe właśnie formy są ujmowane. Gdyby archetypy nie istniały uprzednio wszędzie w identycznej formie, to jak wytłumaczylibyśmy fakt sygnalizowany niemal w każdym ustępie *Bar-do T'os-grol* — mianowicie iż zmarły nie wie, że umarł, oraz fakt, że równie często spotykamy się z tym spostrzeżeniem w nudnej, zakalcowatej literaturze europejskiego i amerykańskiego spirytyzmu? Wprawdzie to samo stwierdzenie znajdujemy u Swedenborga, ale przecież znajomość jego pism nie jest chyba tak rozpowszechniona, aby każde małomiasteczkowe „medium" mogło z nich czerpać wiedzę o tych sprawach. Poza tym związek między *Bar-do T'os-grol* i Swedenborgiem jest absolutnie wykluczony. Ilekroć ktoś widzi ducha, ma do czynienia z sytuacją, w której w sposób konkretny i bezpośredni przejawia się archetypowe wyobrażenie zmarłego, po prostu kontynuującego ziemskie życie nie wiedząc, że jest duchem pozbawionym ciała. Jest to wyobrażenie pierwotne i uniwersalne. Znamienne również, że wszystkie duchy na całym świecie mają pewne wspólne cechy. Wiem oczywiście, że hipotezy spirytualistycznej nie da się zweryfikować, wcale też nie zamierzam się pod nią podpisywać. Muszę zadowolić się hipotezą o wszechobecnej, acz zróżnicowanej, dziedzicznej strukturze psychicznej, która w sposób konieczny nadaje formę i kierunek wszelkiemu doświadczeniu. Albowiem tak jak organa ciała nie są jednak zwykłymi kawałkami obojętnej, biernej materii, lecz dynamicznymi, funkcjonalnymi kompleksami, natarczywie i energicznie afirmującymi swoje istnienie, tak też archetypy, jako organa psyche, są dynamicznymi, instynktowymi zespołami, które w niewiarygodnie wysokim stopniu determinują życie psychiczne. Z tej przyczyny nazywam je również „dominantami nieświadomego". Warstwę nieświadomej psyche, zbudowaną z tych powszechnych, dynamicznych form, ochrzciłem mianem „nieświadomości zbiorowej".

O ile mi wiadomo, nie dziedziczy się indywidualnych wspomnień z życia prenatalnego i przedmacicznego, niewątpliwie jednak istnieją dziedziczne archetypy, wyzute wszakże z treści, gdyż zrazu nie zawierają jakichkolwiek doświadczeń osobowych. W świadomości pojawiają się one dopiero wówczas, kiedy osobowe doświadczenie sprawia, że stają się widzialne. Jak się przekonaliśmy, istotą srid-pa'i bar-do jest pragnienie życia i narodzin, toteż stan ten z góry wyklucza wszelkie doświadczenie psychicznej rzeczywistości transsubiektywnej, o ile człowiek nie odmówi kategorycznie powtórnego narodzenia się w świecie świadomości. Zgodnie z naukami *Bar-do T'os-grol* może on jeszcze, przebywając w każdej ze sfer bar-do, osiągnąć Ciało Dharmy (*dharmakaja*) przechodząc poza czwórgraniastą Górę Meru, pod warunkiem że nie ulegnie chęci pójścia za „matowymi światłościami". Znaczy to tyle, że zmarły musi desperacko opierać się dyktatowi rozumu, tak jak my go pojmujemy, i wyrzec się supremacji *ego*, które dla rozumu jest czymś najświętszym. W praktyce oznacza to całkowitą kapitulację wobec obiektywnych mocy psyche, ze wszystkimi tego konsekwencjami; jest to coś na kształt symbolicznej śmierci, odpowiadającej Sądowi nad Umarłymi w srid-pa'i bar-do. Oznacza to koniec świadomego, racjonalnego, odpowiedzialnego moralnie kierowania swoim życiem i dobrowolne poddanie się temu, co *Bar-do T'os-grol* nazywa „złudą karmiczną". Ta złuda rodzi się z wiary w świat wizji całkowicie, skrajnie irracjonalnych, niezgodnych z osądami naszego rozumu ani z nich nie wynikających, lecz będących wyłącznie produktami niepowściąganej wyobraźni. Jest to tylko marzenie senne albo „fantazja", przed którą natychmiast ostrzeże nas każdy rozsądny człowiek. W istocie, nie każdy potrafi na pierwszy rzut oka odróżnić fantazje tego rodzaju od rojeń wariata. Często wystarczy jedynie nieznaczny *abaissement du niveau mental*, aby spuścić z uwięzi ten świat iluzji. Trwoga i mrok, powstające w takiej chwili, mają swoje odpowiedniki w doświadczeniach opisanych w pierwszych ustępach *Srid-pa'i Bar-do*. Treści tego bar-do również ujawniają archetypy — wizerunki karmiczne, które pojawiają się najpierw w postaciach przerażających. Stan cz'os-ńid jest odpowiednikiem rozmyślnie wywołanej choroby psychicznej.

Często słyszy się i czyta o niebezpieczeństwie jogi, zwłaszcza cieszącej się złą sławą kundalini-jogi. Rzeczywiście, wywoływany specjalnie stan psychotyczny, mogący u ludzi psychicznie słabszych doprowadzić do prawdziwej choroby, stanowi zagrożenie, które trzeba traktować bardzo poważnie. Są to istotnie bardzo niebezpieczne sprawy i nie należy podchodzić do nich w nasz typowy, zachodni sposób. Takie igranie z losem, wstrząsające najgłębszymi fundamentami ludzkiej egzystencji, może wyzwolić falę cierpień, o których zdrowemu człowiekowi nawet się nie śniło. Są one odpowiednikiem udręk piekielnych, w stanie cz'os-ńid, które tekst opisuje następująco:

„Jama uwiąże ci powróz u szyi i poprowadzi za sobą; poderżnie ci gardło, wydrze serce, wypruje jelita, będzie ssać twój mózg, pić krew, pożerać ciało, kruszyć w zębach twe kości, lecz ich nie połamie. Ciało rozedrze ci na strzępy, ale jakoś ocalejesz. Tortury te jednak przyczynią ci wiele cierpień..."

Te męczarnie trafnie obrazują istotę niebezpieczeństwa; polega ono na dezintegracji ciała wędrującego w bar-do, które jest swego rodzaju „ciałem subtelnym" stanowiącym widzialną osłonę jaźni psychicznej w sytuacji pośmiertnej. Psychologicznym odpowiednikiem tej dezintegracji jest rozpad psychiki. W postaci patologicznej może to być schizofrenia (rozdwojenie jaźni). Ta najprostsza ze wszystkich chorób umysłowych polega głównie na jaskrawym *abaissement du niveau mental*, obalającym zapory, jakie normalnie stawia świadomy umysł, i tym samym otwierającym nieograniczone pole dla gry „dominant" nieświadomego.

Tak więc przejście ze stanu srid-pa do stanu cz'os-ńid to niebezpieczne odwrócenie celów i intencji świadomego umysłu. Oznacza ono ofiarę z trwałej pozycji *ego* i wydanie się na pastwę skrajnej niepewności, bo ją właśnie niesie ta chaotyczna orgia upiornych kształtów. Freud, formułując pogląd, że *ego* jest „rzeczywistą siedzibą lęków", dawał wyraz bardzo prawdziwej i głębokiej intuicji. W każdym *ego* czai się na dnie lęk przed samoofiarą, i lęk ten bywa często jedynie słabo kontrolowanym dążeniem sił nieświadomego do wybuchnięcia pełnią swojej mocy. Nikomu, kto dąży do uzyskania jaźni (czyli do indywiduacji), nie jest oszczędzone to niebezpieczne przejście, gdyż przedmiot naszych lęków również wchodzi w skład pełnej jaźni; jest to pod- albo nadczłowieczy świat „dominant" psychicznych, z którego za cenę wielkich wysiłków wyzwoliło się pierwotnie *ego* (zresztą też tylko częściowo), gdy dążyło do mniej lub bardziej iluzorycznej wolności. To wyzwolenie jest z pewnością przedsięwzięciem koniecznym i nadzwyczaj heroicznym, jego rezultat wszakże nie ma charakteru definitywnego, sprowadza się bowiem jedynie do wytworzenia podmiotu, który, aby osiągnąć całkowite wypełnienie, musi jeszcze zostać skonfrontowany z przedmiotem. Na pierwszy rzut oka wydawałoby się, że tym przedmiotem jest świat, po brzegi pełen najrozmaitszych projekcji istniejących specjalnie w tym celu. To w świecie szukamy i znajdujemy sobie wrogów, w świecie poszukujemy i odnajdujemy to, co jest nam drogie i cenne, i odczuwamy pociechę, że tam, w tym widzialnym przedmiocie, istnieje wszystko co dobre i złe. Tam można to wszystko zdobywać, karać, niszczyć — albo czerpać z tego rozkosz.

Jednakże sama natura nie pozwala na nieskończone trwanie tego rajskiego stanu niewinności. Zawsze byli i są ludzie, którzy nie mogą oprzeć się wrażeniu, że świat i nastręczane przezeń doświadczenia mają charakter symboliczny, że w istocie odbijają one coś skrytego głęboko w samym podmiocie, w jego własnej transsubiektywnej rzeczywistości. Zgodnie z naukami lamaizmu, z takiej właśnie głębokiej intuicji wywodzi się prawdziwy sens stanu cz'os-ńid: oto dlaczego cz'os-ńid bar-do nazywane jest „bar-do doświadczania (ostatecznej) rzeczywistości".

Stosownie do pouczeń ostatniego ustępu odpowiedniego rozdziału, jest to rzeczywistość myśli: „formy umysłowe" jawią się jako realne, rojenia przyoblekają kształty rzeczywiste, i rozpoczyna się przerażający sen, którego sprawcą jest karman, aktorami zaś — nieświadome „dominanty". Jako pierwszy (gdy czytamy tekst od końca) pojawia się niszczycielski Pan Śmierci, skupiający w sobie wszystko, co straszne. Za nim postępuje 28 „dzierżycielek mocy", złowrogich bogiń, dalej zaś 58 bogiń „pijących krew". Na przekór ich demonicznemu wyglądowi, na który składają się rozliczne dziwaczne atrybuty i rozmaite monstrualności cielesne, można już tu zauważyć pewien porządek. Dostrzegamy oto, że gromady bogów i bogiń uszeregowane są wedle czterech głównych kierunków i odróżniają się od siebie typowymi barwami mistycznymi. Stopniowo staje się coraz jaśniejsze, że wszystkie owe bóstwa zorganizowane są w mandale, czyli kręgi, zawierające czterokolorowe krzyże. Kolory odpowiadają czterem aspektom mądrości:

1) biały — świetlisty szlak „Mądrości Zwierciadlanej",
2) żółty — świetlisty szlak „Mądrości Zrównującej",
3) czerwony — świetlisty szlak „Mądrości Rozróżniającej",
4) zielony — świetlisty szlak „Mądrości Czynnej i Wykonującej".

Osiągnąwszy wyższy poziom rozumienia zmarły pojmuje, że wszystkie realne formy myślne są jego własnymi emanacjami, i że pojawiające się przed nim cztery świetliste szlaki Mądrości to odblaski jego własnych władz psychicznych. To stawia nas natychmiast wobec problemu psychologii mandali lamaistycznej, który omówiłem w książce *Tajemnica złotego kwiatu*, napisanej wspólnie z nieżyjącym już Richardem Wilhelmem.

Kontynuując powrotną drogę pod górę poprzez krainę cz'os-ńid bar-do, docieramy w końcu do wizji Czterech Wielkich: zielonego Amoghasiddhi, czerwonego Amitabhy, żółtego Ratnasambhawy i białego Wadżrasattwy. Droga kończy się w oślepiającym niebieskim blasku dharmadhatu, ciała Buddy, promieniującym pośrodku mandali z serca Wairoczany.

Z ujrzeniem tej ostatniej wizji ustają złudzenia karmiczne. Świadomość, odłączona od wszelkich form, wolna od przywiązania do przedmiotów, powraca do bezczasowego, pierwotnego stanu dharmakaji. W ten sposób (czytając tekst wstecz) docieramy do stanu 'cz'i-k'a'i bar-do, który zaistniał w chwili śmierci.

Myślę, że już tych parę uwag wystarczy wnikliwemu czytelnikowi do wyrobienia sobie poglądu na psychologię *Bar-do T'os-grol*. Księga opisuje w odwrotnym porządku drogę inicjacyjną, która — inaczej niż to jest z eschatologicznymi oczekiwaniami chrześcijaństwa — przygotowuje duszę do zstąpienia w byt fizyczny. Biorąc pod uwagę na wskroś intelektualne, świeckie i racjonalistyczne nastawienie Europejczyka, uznaliśmy za celowe odwrócić porządek scen *Księgi* oraz przedstawić ją jako opis orientalnych przeżyć inicjacyjnych, chociaż oczywiście każdy, jeśli zechce, może bóstwa cz'os-ńid bar-do zastąpić odpowiednimi symbolami chrześcijańskimi. W każdym razie następstwo zdarzeń w moim ujęciu objawia bliskie podobieństwo do fenomenologii „nieświadomości" europejskiej, gdy przechodzi ona „proces inicjacji", to znaczy gdy poddaje się ją analizie. Przemiana nieświadomego w trakcie analizy sprawia, że staje się ona w sposób naturalny odpowiednikiem religijnych obrzędów inicjacyjnych, z tą jednak istotną różnicą w stosunku do procesów naturalnych, że obrzędy uprzedzają naturalny bieg zdarzeń i spontaniczne wytwarzanie symboli zastępują specjalnie dobraną serią przepisanych tradycji. Widać to wyraźnie w *Ćwiczeniach* Ignacego Loyoli, albo w medytacjach jogicznych buddyzmu i tantryzmu.

To odwrócenie kolejności rozdziałów *Bar-do T'os-grol*, które zasugerowałem, aby pomóc w zrozumieniu *Księgi*, nie ma nic wspólnego z pierwotną jej intencją. Również nasza propozycja interpretowania

Księgi w sposób psychologiczny jest — z jej punktu widzenia — czymś drugorzędnym, choć ma, być może, sankcję lamajskiej tradycji. Prawdziwym celem tego osobliwego tekstu jest próba (która wykształconemu Europejczykowi XX wieku musi się wydać bardzo dziwna) oświecenia zmarłych wędrujących przez dziedziny bar-do. W świecie białych ludzi jedynym miejscem, gdzie spotykamy jakąś troskę o tych, co odeszli, jest kościół katolicki. W obozie protestanckim, tak optymistycznie afirmującym świat, znajdujemy tylko tu i ówdzie „kółka mediumiczne" troszczące się głównie o to, aby zmarłym uświadomić, że nie żyją. Ogólnie jednak rzecz biorąc, nie mamy na Zachodzie niczego, co byłoby w jakikolwiek sposób porównywalne z *Bar-do T'os-grol*, wyjąwszy pewne ezoteryczne teksty niedostępne szerszym kręgom ani zwykłym naukowcom. Zgodnie z tradycją także *Bar-do T'os-grol* zostało, jak się zdaje, włączone w poczet ksiąg „tajemnych", jak o tym pisze w swoim wstępie dr Evans-Wentz. W tym charakterze stanowi ono szczególny element magicznego „uzdrawiania duszy", obejmującego również byt pośmiertny. Ten kult dla zmarłych ma racjonalną podstawę w wierze w ponadczasowość duszy, jego irracjonalnej podstawy wszelako należy doszukiwać się w psychologicznej potrzebie żywych, aby zrobić coś dla umarłych. Jest to potrzeba elementarna, narzucająca się przemożnie nawet najbardziej „światłym" ludziom, gdy spada na nich śmierć krewnych czy przyjaciół. Oto dlaczego nadal we wszystkich środowiskach — „światłych", albo i nie — mamy do czynienia z rozmaitymi obrzędami ku czci umarłych. Jeżeli Lenin musiał zostać zabalsamowany i wystawiony na widok publiczny w bogatym grobowcu jak jakiś egipski faraon, to nie dlatego, iżby jego wyznawcy wierzyli w zmartwychwstanie ciał. Pominąwszy jednak msze katolickie za dusze umarłych, to, co dla nich robimy, jest elementarne, na najniższym poziomie, nie dlatego, żebyśmy nie mogli uwierzyć w nieśmiertelność duszy, ale dlatego, że rozum przepędził z naszej egzystencji wymienioną wyżej potrzebę psychologiczną. Zachowujemy się tak, jakbyśmy jej nie odczuwali, a ponieważ nie jesteśmy zdolni do wiary w życie po życiu, wolimy nic z tą sprawą nie robić. Ludzie prości idą za swoimi odczuciami i budują sobie — jak we Włoszech — pomniki grobowe o ponurej urodzie. Katolickie msze za dusze zmarłych to już poziom znacznie wyższy, jako że mają specjalnie na uwadze duchowe dobro zmarłych, a nie służą jedynie zadośćuczynieniu potrzebom łzawej uczuciowości.

Z największym wszakże natężeniem wysiłku duchowego na rzecz umarłych spotykamy się w pouczeniach *Bar-do T'os-grol*. Są one tak szczegółowe i starannie dostosowane do pozornych zmian w sytuacji zmarłego, że każdy poważny czytelnik musi zadać sobie pytanie, czy koniec końców owi starzy, mądrzy lamowie istotnie nie zajrzeli w czwarty wymiar i nie zdjęli zasłony z największej tajemnicy egzystencji.

Nawet jeśliby prawda miała nas rozczarować, czujemy pokusę przynajmniej częściowego przypisania realności wizjom życia w bar-do. Jest w każdym razie co najmniej zaskakujące i oryginalne to, że stan pośmiertny, który nasza religijna wyobraźnia ujmuje jako coś nadzwyczaj wielkiego i wspaniałego, tutaj przedstawiony został w barwach ponurych, jako przeraźliwy koszmar senny o charakterze degeneratywnym. Najwspanialsza wizja przychodzi nie u kresu bar-do, lecz na samym początku, w chwili śmierci; później jest tylko coraz głębsze osuwanie się w iluzję i mrok, aż do ostatecznego upadku, którym są fizyczne narodziny. Kulminacja duchowa następuje w momencie, gdy życie się kończy. Ludzkie życie jest więc nośnikiem najwyższej możliwej do osiągnięcia doskonałości, tylko ono bowiem generuje karmana, który zmarłemu umożliwi zamieszkanie w wiecznym blasku śunjaty i nielgnięcie do jakiegokolwiek przedmiotu, a dzięki temu — trwanie w centrum koła ponownych narodzin, w stanie wolności od iluzji rodzenia się i rozkładu. Życie w bar-do nie niesie ze sobą żadnej wieczystej nagrody ani kary, prowadzi tylko pochyło w dół ku nowemu życiu, które winno przybliżyć człowieka do ostatecznego celu. Jednakowoż ten eschatologiczny cel człowieka to nic innego jak ostatni, najwyższy owoc, ukształtowany przez niego samego i zrodzony z trudów oraz tęsknot jego ziemskiej egzystencji. Jest to wizja nie tylko wzniosła, ale również męska, heroiczna.

Degeneratywny charakter życia w bar-do potwierdza spirytualistyczna literatura Zachodu. Przekazywane przez nią komunikaty z kontaktów ze „światem duchów" nieodmiennie wywołują przykre wrażenie czczości i banalności. Umysłowość naukowa bez wahania interpretuje te przekazy jako emanacje podświadomości „mediów" oraz uczestników seansów, podciągając pod to wyjaśnienie nawet opis Tamtej Strony w *Tybetańskiej Księdze Umarłych*. Zresztą jest faktem niezaprzeczalnym, że tworzywem Księgi są archetypowe treści nieświadomego, za którymi (i tu nasz zachodni intelekt ma rację) nie kryją się żadne rzeczywistości fizyczne bądź metafizyczne, lecz tylko rzeczywistość faktów psychicznych, dane psychicznego doświadczenia. Rzecz w tym, że niezależnie od tego, czy coś jest „dane" subiektywnie czy obiektywnie — to coś jest. *Bar-do T'os-grol* mówi tyle i tylko tyle, jako że jego pięciu dhjanibuddów to przecież jedynie dane psychiczne. Właśnie to ma rozpoznać umarły, o ile już wcześniej, za życia, nie uświadomił sobie, że jego własna jaźń i dawca wszystkich danych psychicznych są jednym i tym samym. Zaiste, świat bóstw i duchów to tylko zbiorowe nieświadome, które w sobie noszę. Do tego, aby to stwierdzenie przybrało postać: zbiorowe nieświadome to bóstwa i duchy na zewnątrz mnie — zbędne są wszelkie sztuczki intelektualne, konieczne jest natomiast całe ludzkie życie, a może nawet wiele żywotów zmierzających ku coraz większej „kompletności". Proszę zauważyć, że nie mówię o coraz większej „doskonałości", ponieważ „doskonałym" pisane są odkrycia zupełnie innego rodzaju.

Bar-do T'os-grol było zrazu księgą „tajemną" i taką też zostało, niezależnie od istniejących i możliwych do napisania na jej temat komentarzy. Albowiem jest to księga poddająca się jedynie rozumieniu duchowemu, a jest to zdolność, z którą nikt się nie rodzi; można ją nabyć tylko poprzez specjalny trening i doświadczenie. Dobrze, że istnieją takie „bezużyteczne” z punktu widzenia doraźnych celów i zamiarów książki. Przeznaczone są one dla owych „dziwaków”, którzy przestali przywiązywać większą wagę do praktyk, celów i sensów teraźniejszej „cywilizacji”.

PRZYPISY

Wstęp

[1] Słowa tybetańskie podaję w uproszczonej polskiej transliteracji opracowanej przez S. Godzińskiego (p. „Przegląd Orientalistyczny" 1979, nr 2 [110]). Słowa sanskryckie — w uproszczonej polskiej transkrypcji stosowanej w publikacjach popularnych. Skróty: tyb. — tybetański, skr. — sanskrycki.

[2] Ukazała się ona w „Literaturze na Świecie" w 1985, nr 8–9.

[3] W.Y. Ewans-Wentz, *The Tibetan Book of the Dead or the After-Death Experience on the Bar-do-Plane*, according to Lama Kazi-Samdup's English Rendering, London 1927.

[4] Nadmieńmy w tym miejscu, że jeden z pionierów tej dyscypliny, o. H.A. Jäschke, misjonarz protestancki w Lahulu i autor m.in. znakomitego słownika tybetańsko-angielskiego, już w latach sześćdziesiątych XIX stulecia zapoznał się z *TKU*, nie zwrócił wszakże na ten tekst specjalnej uwagi. Zabrakło mu owego „przygotowania" — a także, niestety, otwarcia się na wartości innych kultur, którego tak piękny przykład dał sto pięćdziesiąt lat wcześniej inny misjonarz, o. Ippolito Desideri, jezuita włoski.

[5] W przygotowaniu tej edycji cenną pomoc — w postaci niektórych trudno dostępnych publikacji — otrzymałem od następujących osób: J. Tokarska-Bakir, L. Elektorowicz, dr M. Brauen z Zurychu i prof. R.A. Stein z Paryża. Wszystkim serdecznie dziękuję.

[6] Informację tę zawdzięczam prof. J. Kolmašowi z Pragi, który zresztą sam przetłumaczył *TKU* na czeski (wyd. w 1991 przez Odeon w Pradze).

[7] E. Conze, *A Short History of Buddhism*, Allen and Unwin, London 1980, s. 38.

[8] Ten „punkt czasowy" w potoku dharm kojarzy mi się z poglądami mistyków chasydzkich. Oto ciekawy ustęp z *Opowieści chasydów* M. Bubera (Wyd. „W drodze", Poznań 1986, przekład P. Hertza): „Ziarno zasiane w ziemi [...] musi obumrzeć, aby wzeszły nowe kłosy [...]. Utrata kształtu i odzianie się w kształt następują w okamgnieniu całkowitego Nic" (s. 124).

[9] Por. np. L. Boros, *Mysterium mortis*, przeł. B. Białecki, „Pax", Warszawa 1974, s. 8 i n.

[10] Tamże, s. 9.

[11] Por. jego fundamentalne dzieło *Die Lehre des Buddho. Die Religion der Vernunft und der Meditation*, Holle Verlag, Baden-Baden 1915 (wyd. I).

[12] „A teraz, o mnisi, wyjaśnię wam przykład z brzemieniem i tragarzem. Być urodzonym, to znaczy podjąć brzemię. Być wyzwolonym, to znaczy złożyć brzemię. Brzemieniem, o mnisi, jest pięć skandh, tragarzem zaś jest pudgala. Kto by jednak wywnioskował stąd, o mnisi, że dusza nie istnieje, tego poglądy nie są słuszne (*Samjutta-Nikaja* XXII, 22).

[13] Por. S.N. Dasgupta, *A History of Indian Philosophy*, Cambridge University Press 1932, t. I, s. 117.

[14] E. Conze, dz. cyt., s. 36.

[15] G. Grimm, dz. cyt., s. XXIII (Vorrede).

[16] Słowa Buddy w kanonie palijskim: „*sabbe dhammā anattā*" (wszystkie dharmy pozbawione są własnej istoty).

[16a] Ciekawe, że podobny proces zaistniał również na gruncie Kabały. We wczesnej Kabale czysto negatywny, „apofatyczny" termin *Ein-Sof* („Bezkresny") funkcjonował p r z y s ł ó w k o w o, określając s p o s ó b i s t n i e n i a absolutnie transcendentnego, niepoznawalnego Boga. Później *Eif-Sof* stał się rzeczownikiem

i uległ zhipostazowaniu — do tego stopnia, że zaczął występować z rodzajnikiem określonym i oznaczać Boga jako Pełnię Bytu, Hiper-substancję. (Pisze o tym G. Scholem w swym dziele *Kabbalah*).

17 Zawsze zresztą przeplatały się one ze sobą; tutaj rozdzielam je sztucznie, dla większej przejrzystości wywodu.

18 Arystoteles, *Fizyka*, BKF, PWN, Warszawa 1986, s. 11 (przeł. T. Leśniak).

19 E. Conze, dz. cyt., s. 36.

20 E.M. Dargyay, *Probleme einer Neubearbeitung des Bar-do Thos-grol*, [w:] „Tibetan Studies", Völkerkundemuseum der Universität Zürich, ed. by Martin Brauen and Per Kvaerne, Zürich 1978, s. 97.

21 Tamże, s. 98. Jednakże we wnikliwej recenzji M. Mejora („Nowe Książki" 1992, nr 11) czytamy: „Cytowana interpretacja E. Dargyay [...] jest nieścisła — chodzi o to, że momentalna manifestacja dharm podobna jest do momentalnych blasków światła lampy, które układają się w pewne *continuum* i dają złudzenie ciągłości". Wydaje się wszelako, że oba te podejścia można traktować jako komplementarne.

22 Mamy tu chyba do czynienia z sytuacją podobną jak w technice radiowej: w emitowanym przez nadajnik promieniowaniu elektromagnetycznym (a światło to przecież jedna z jego postaci!) zakodowane są rozmaite treści, które same w sobie nie mają żadnej konkretnej formy, uzyskują ją dopiero trafiwszy do odpowiednio skonstruowanego odbiornika. Takim „odbiornikiem" dla ducha jest nowy byt fizyczny (ludzkie ciało), dekodujący informację karmiczną z egzystencji poprzedniej i nadający specyficznie ludzki rezonans temu „promieniowaniu". W ludzkim bycie przybiera ono konkretną formę dyspozycji psychofizycznych. Taki byłby mechanizm „dziedziczenia" ich z poprzednich egzystencji, o czym mówi również Jung (*Dodatek III*). Bardzo interesujące ujęcie możliwości osobniczego bytu po śmierci proponuje U. Eco. Pisze on: „[...] Dziś elektroniczne uniwersum sugeruje nam, że mogą istnieć sekwencje przekazów przenoszących się

z jednego rusztowania fizycznego na drugie bez utraty swych niepowtarzalnych cech charakterystycznych; owszem, że mogą one nawet trwać dalej — jako czysty, niematerialny algorytm — również wtedy, gdy jedno rusztowanie już opuściły, a nie wpisały się jeszcze w następne. I kto wie, czy śmierć, miast być implozją, nie jest eksplozją i odtworzeniem się gdzieś, w otchłaniach wszechświata, owego *software* (przez innych zwanego duszą), któryśmy wypracowali żyjąc i który składa się również ze wspomnień i wyrzutów osobistych [...]" (U. Eco, C.M. Martini, *W co wierzy ten, kto nie wierzy?*, przeł. I. Kania, WAM, Kraków 1998, s. 67).

23 Wyraża to bardzo dobrze jedno z czterech określeń *pudgali* — *snang-ba-nas mun-k'ron-du'gro-ba*, „idący ze światłości w ciemność". *Pudgala* może też podążać „z ciemności w ciemność", „z ciemności w światłość" i „ze światłości w światłość" (por. *Mahawjutpatti* Körösi Csomy, Budapeszt 1984, s. 354–355). Jest to, co ciekawe, formuła proweniencji upaniszadowej (por. *Bryhadaranjaka-upaniszada*, I, 3, 28).

24 Tyb. *Dam-cz'os jid-bżin nor-bu t'ar-pa rin-po-cz'ei rgjan-czes bja-ba bżugs-so.*

25 Mamy tu słowo *'p'ags-pa*, które można zestawić z naszym „święte".

26 Nagowie (skr.) — określenie indyjskich bóstw chtoniczno-akwatycznych. *Naga* znaczy właściwie „wąż", „smok".

27 Skr. *Czintamani* z mitologii indyjskiej.

28 Pico della Mirandola, *De hominis dignitate, Heptaplus, De ente et uno*, a cura di Eugenio Garin, Valecchi Editore, Firenze 1942.

29 E. Cioran, *O niedogodności urodzin*, przeł. I. Kania, OL, Kraków 1996, s. 4.

30 K. Sagaster, *Grundgedanken des tibetischen Totenbuches*, [w:] *Tod und Jenseits im Glauben der Völker*, hrsg. von Hans-Joachim Klimkeit, Otto Harassowitz, Wiesbaden 1978, s. 176 i n.

31 Tamże.

32 Piszę o tym szerzej w komentarzach poprzedzających Dodatki II i I.

33 Jego biografia — patrz *Dodatek II.*

[34] Por. np. F.A. Bischoff, *Padmasambhava est-il un personnage historique?* [w:] *Proceedings of the Csoma des Körös Memorial Symposium held at Mátrafüred, Hungary, 24–30 September 1976*, Budapeszt 1978, s. 27–33.

[35] Por. D.-I. Lauf, *Initiationsrituale des tibetischen Totenbuches*, [w:] „Asiatische Studien/Etudes Asiatiques", XXIV, 1–2, 1970, Bern, s. 11–24.

[36] Por. np. P. Kvaerne, *A Tibetan Death Ceremony*, [w:] „Temenos", vol. 14, Turku 1978. Prof. Kvaerne podkreśla, że „...trzeba wyraźnie sobie uświadomić, że poza kontekstem rytualnym *TKU* nie funkcjonuje zupełnie w religii tybetańskiej" (s. 10).

[37] K. Sagaster, art. cyt., przypis 11, s. 188.

[38] Evans-Wentz mówił o osiemnastu. D.-I. Lauf (por. przyp. 35) wymienia dwanaście tytułów takich kompendiów.

[39] O tym, że wykazują one analogie z buddyjskimi, dowiadujemy się m.in. z artykułu M. Brauena, *A Bon-po Death Ceremony* [w:] „Tibetan Studies", Zürich 1978.

[40] Korzystam tutaj z dwu syntetycznych opracowań wydanych w Indiach na użytek wychodźstwa tybetańskiego przez ośrodek w Dharamsali: Thupten Sangay, *Bod-mi'i 'das-mcz'od* („Tybetańskie obrzędy przy zmarłych"), 1974 oraz rDże T'u'u Kwan Cz'os-kji Ńi-ma'i gsung, *'Cz'i-k'a-ma'i sems-czan-la p'an-t'abs bja-c'ul-gji cz'o-ga ńam-t'ag dbugs-'bjin żes-bja-ba bżugs-so* („Męka oddawania ducha, czyli obrzędy przynoszące pożytek ludziom w chwili umierania"), bez daty (ok. 1974–1975). Autor — T'u'u Kwan Ńi-ma — był znakomitym uczonym z Amdo, żyjącym w latach 1737–1802.

[41] Por. przypis 35.

[42] D.I. Lauf, art. cyt., s. 13.

[43] Tamże, s. 21.

[44] Por. T.R.V. Murti, *The Central Philosophy of Buddhism*, Allen and Unwin, London 1980, s. 129.

[45] Por. w tym względzie ciekawe opowieści znanego mistrza tybetańskiego, Lamy Kyabje Song Rinpoche, pt. *Birth, Death and Bardo*, zamieszczone w czasopiśmie „Dreloma" 1978, vol. I, 1–3, Mundgod (Indie). Związane są z nim ludowe opowieści o „rolan-

gach" (wampirach, skr. *wetala*), których źródło jest częściowo indyjskie (*Kathasaritsagara*). Por. też motyw dybuka w folklorze żydowskim.

[46] Por. np. *'Das log Karma Dban 'Dzin Gyi Rnam Thar*, Impex, Delhi 1975 (opowieść o kobiecie, która powróciła z piekieł, o jej wizjach w bar-do itd.); *Rigs Drug Thar Pa Chen Po' i Mdo Gzungs, Thos Grol ba do Phran Sgrol chen po*, Impex, Delhi 1974 (tekst Bon-po o wyzwoleniu się z bar-do i z sześciu sfer bytu); Namdak Tenzin, *Three Bonpo Visionary Accounts of Hell*, Impex, Delhi 1973, itd.

[47] Można ją też „przeinterpretować", na co m.in. zwraca uwagę E. Dargyay, wskazując na użycie przez F. Fremantle w jej przekładzie (por. przypis 55) słowa „projekcje", którym oddaje ona *snang* oryginału (u mnie „emanacje", „pojawy"). Jest to niewątpliwie zbyt daleko posunięte korzystanie z aparatury pojęciowej Junga, prowadzi bowiem do jaskrawego anachronizmu.

[48] Chodzi o techniki medytacyjne Anuttarajogatantry z cyklu Guhjasamadża.

[49] Por. Lati Rinbochay and Jeffrey Hopkins, *Death, Intermediate State and Rebirth in Tibetan Buddhism*, Rider and Company, London 1979, s. 26. Trzy ciała (skr. *trikaja*) to: dharmakaja, sambhogakaja i nirmanakaja.

[50] Plutarch, *Moralia*, t. II, BKF, PWN, Warszawa 1988, *O obliczu widniejącym na tarczy księżyca*, przeł. Z. Abramowiczówna.

[51] Cyt. w: V. Magnien, *Les mystères d'Eleusis*, Paris 1950, wyd. III.

[52] *Apokryfy Nowego Testamentu*, red. Ks. M. Starowieyski, t. I, Ewangelie apokryficzne, przeł. ks. T. Hergesel, TN KUL, Lublin, 1986, wyd. II, s. 405.

[53] Orygenes, *Homilie o Księgach Liczb, Jozuego, Sędziów*, przeł. S. Kalinkowski, ATK, Warszawa 1986, z. I.

[54] Tamże, s. 278.

[55] *The Tibetan Book of the Dead. The Great Liberation Through Hearing in the Bardo*, przeł. F. Fremantle, Shambhala, Berkeley and London 1975, s. 1–2.

[56] Lama Anagarika Govinda, *Creative Meditation and Multi-Dimensional Consciousness*, Allen and Unwin, London 1977, s. 192.

Pouczenie o samowyzwoleniu się z bar-do chwili śmierci

[1] Skr. *dharmata* znaczy „zasada, istota rzeczy", i jest synonimem śunjaty (Wszechpustki), stanowiącej naturę wszystkiego, niepochwytną dla kategorii rozumu. Poznać ją można w przeżyciu medytacyjnym przy zastosowaniu specjalnych technik (np. mahamudra). Dharmata to także najgłębsza natura umysłu (ducha) — świetlista, nieobojętna przestrzeń. Inne jej synonimy — dharmakaja, prawda ostateczna, tathata.

[2] Postacie bóstw tantrycznych o wyglądzie łagodnym oraz przerażającym, pojawiające się w medytacji i w bar-do; są one w istocie projekcjami umysłu podmiotu i symbolizują rozmaite tegoż umysłu władze, energie i podświadome skłonności.

[3] „Trzy ciała" (skr. *trikaja*) to: dharmakaja (ciało Dharmy, abstrakcyjna ostateczna natura buddy; por. przypis 1), sambhogakaja (ciało przyjemności, używania) — pośrednik między buddą a ludźmi, przekazujący Naukę, i nirmanakaja (ciało przejawione, widzialne ciało buddy).

[4] Tyb. *'p'o-ba*. Praktykowana przez joginów w chwili śmierci specjalna technika przenoszenia (albo „wyrzucania") świadomości poza dotychczasowe ciało; zapewnia ona dobre ponowne narodziny.

[5] Tyb. *p'ji*, co może oznaczać zarówno „zewnętrzne", jak i „ostatnie". „Dech" bądź „tchnienie" zewnętrzne oznacza również w literaturze medycznej uderzenie pulsu.

[6] Czyli uczeń tego samego guru.

[7] Dharma (Nauka), Budda i Sangha (wspólnota wyznawców).

[8] Uroczyste śluby praktykowania Dharmy i medytacji.

[9] Chodzi tu o różne odmiany („sekty") buddyzmu tybetańskiego: rŃing-ma-pa (ningma), dGe-lugs (gelug), bKa-gdams-pa (kadam) itd.

[10] Dosł. „dech", tchnienie", energia życiowa (w indyjskiej teorii medycznej i praktykach jogicznych)

[11] Skr. *dhuti* (albo *awadhuti*) to w systemie Jogi centralny przewód energetyczny w ciele człowieka, łączący poszczególne centra

energetyczne (skr. *czakra*) i kończący się otworem potylicznym (skr. *Brahmarandhra*, „otwór Brahmy", zwany też „złotymi wrotami").

[12] Chodzi to o wiedzę transcendentalną (skr. *pradźnia*), dotyczącą śunjaty.

[13] Boczne kanały energetyczne, po obu stronach *awadhuti*.

[14] Por. przypis 1.

[15] Por. *Wstęp*, s. 27.

[16] Por. *Wstęp*, jw., a także przypis 11.

[17] Chodzi tu zarówno o całe ciało adepta, jak i kanały energetyczne; ich stan zależy od stopnia wyćwiczenia w medytacji.

[18] W oryginale *żag-p'jed-dang-bżi*, co może również znaczyć „cztery i pół doby". (Prof. A. Wierciński jest zdania, że chodzi tu raczej o trzy i pół doby [inf. w liście pryw.]).

[19] „Myśl o oświeceniu", jeden z ważnych składników buddyjskiej medytacji. Towarzyszy jej intencja zdobycia oświecenia dla dobra wszystkich istot.

[20] Skr. „Wielka Pieczęć" albo „Wielki Symbol". Jedna z najważniejszych i najbardziej zaawansowanych praktyk medytacyjnych buddyzmu tantrycznego. Dochodzi podczas niej do zjednoczenia Miłosierdzia i Wiedzy (skr. *karuna* i *pradźnia*; innymi ich aspektami są Metoda i Pustka — skr. *upaja* i *śunjata*), czyli męskiego i żeńskiego elementu praktyki, symbolizowanych odpowiednio przez postać któregoś z buddów (tyb. *jab* — „ojciec") w splocie miłosnym ze swoją małżonką (tyb. *jum* — „matka").

[21] Skr. *sampannakrama* i *utpannakrama*, dwa stadia medytacji. W pierwszym adept tworzy w wyobraźni (wizualizacja) postacie bóstw i utożsamia się z nimi, w drugim doświadcza rozpływania się ich w świetlistej przestrzeni.

[22] Instrukcja dotycząca sposobu medytowania oraz opis bóstw będących przedmiotem medytacji.

[23] „Bóstwo opiekuńcze" adepta, wybrane dlań przez Guru tak, aby jak najlepiej odpowiadało jego strukturze psychofizycznej, skłonnościom i możliwościom duchowym.

[24] Przydomek bodhisattwy Awalokiteśwary.

[25] Samsara (skr.), odwieczny kołowrót stawania się i przemijania form bytu, dzielona jest w tradycji buddyjskiej na sześć sfer: bogów, asurów (nie-bogów, tytanów), ludzi, pretów (wygłodniałych upiorów), zwierząt i piekieł.

[26] Skr. *majaśarira*, zjawa pojawiająca się przed człowiekiem w bar-do, mająca formę jego ciała; w rzeczywistości jest to emanacja (projekcja) jego umysłu i podświadomych skłonności tegoż.

[27] Głęboka medytacja.

[28] Por. przypis 26. Chodzi tu zwłaszcza o negatywne skłonności człowieka, jego psychiczne zahamowania i pragnienia, wyparte do podświadomości i będące źródłem m.in. neuroz.

[29] Ta i następne, poetyczne nazwy oznaczają nieba, w jakich bytują odpowiedni główni buddowie mandali w liczbie pięciu, wymienieni w dalszym ciągu.

[30] Por. przypis 20.

[31] Skr. *widźnianaskandha*, jedna z pięciu skandh (zespołów zmysłowo-mentalnych) w buddyjskiej psychologii.

[32] Skr. dharmadhatu znaczy „przestrzeń", „sfera Dharmy", i jest synonimem śunjaty, dharmaty, dharmakaji, tathaty.

[33] Synonim buddy.

[34] Bóstwo, pomniejszy bóg.

[35] Skr. „Istota Diamentowa", imię Buddy Akszobhji.

[36] Tyb., skr. *wadźra* („piorun", „diament") — berło, cudowny oręż w kształcie sztyletu o dwu ostrzach, symbolizujący zniszczenie niewiedzy i wrogów Dharmy.

[37] „Oko buddy", czyli Wiedza Transcendentalna.

[38] Skr. *rupaskandha* — ciało, kształt, empiryczna osobowość człowieka.

[39] Skr. *adarśadźniana*, zdolność postrzegania jasnego, „obiektywnego", nie „zmąconego" pojęciami i kategoriami umysłu.

[40] Szkodliwy wpływ tzw. grzechów polega w buddyzmie głównie na wywoływanych przez nie skażeniach naszego umysłu i umacnianiu błędnych mniemań, zwłaszcza co do natury „ja" i prawdziwej istoty rzeczy (którą jest pustka).

[41] Skr. *ratna*; chodzi tu zwłaszcza o Klejnot Spełniający Wszelkie Życzenia (*Czintamani* z mitologii indyjskiej).
[42] Skr. *wedanaskandha* — czucie, odczuwanie bólu, przyjemności itd.
[43] Skr. *samatapradźnia* — zapewniająca m.in. równowagę ducha (jako przeciwwaga dla pychy).
[44] „Pełne Szczęścia".
[45] „W białych szatach".
[46] Skr. *samdźniaskandha* — wiedza świadomie postrzegana.
[47] Skr. *pratjawekszanadźniana*.
[48] Ptak z mitologii indyjskiej o skrzydłach i łapach ptasich, lecz tułowiu ludzkim.
[49] *Samskaraskandha*, obejmująca czynności emocjonalne i intelektualne tworzące nasz obraz świata (jako struktury) i określające naszą wobec niego postawę. Odpowiedzialna za gromadzenie karmana.
[50] Skr. *krytjanuszthanadźniana*.
[51] Skr. *pradźnia*, mądrość dotycząca śunjaty.
[52] Por. wyżej.
[53] Skr. Dżina.
[54] Skr. Jamantaka.
[55] Skr. Hajagriwa.
[56] Skr. Amrytawarta lub Amrytakundali.
[57] Skr. Ankuśa.
[58] Skr. Paśa.
[59] Skr. Śrynkhala.
[60] Skr. Ghanta.
[61] Skr. *awikalpana*.
[62] Pycha, pożądliwość, gniew, zazdrość, bezmyślność (głupota).
[63] Skr. „dzierżyciel wiedzy", grupa pomniejszych bóstw patronujących szczególnie wiedzy magicznej.
[64] Skr. Wipakanuttara Padmanateśwara.
[65] Dakinie to liczna grupa bóstw żeńskich, symbolizujących energie żeńskie i utożsamianych z rozmaitymi aspektami inteligencji.
[66] Skr. *daśabhumi*, oznaczające dziesięć stadiów doskonalenia się bodhisattwy.

[67] Skr. Nirabhoga.
[68] Bębenek zrobiony z połówki ludzkiej czaszki (często podwójny), używany w obrzędach tantrycznych.
[69] „Przyjaciel cnoty" (tyb. *dge-bszes*, obecnie również wyższy stopień naukowy w nauce buddyjskiej), tytuł wybitnych nauczycieli Dharmy.
[70] Są to sylaby mantryczne.

Pouczenie o samowyzwoleniu się z bar-do dharmaty

[1] Przepisy regulujące dyscyplinę zakonną i codzienne życie wiernych, zawarte w pierwszej części kanonu buddyjskiego (Tripitaki).
[2] Czyli z praktykami buddyzmu tantrycznego.
[3] Tyb. *ring-bsrel*, małe, twarde szkliste kulki koloru białego lub zielonkawego, jakie — wedle tradycji buddyjskiej — pozostają po spaleniu zwłok wybitnego jogina lub arhata.
[4] Tak bywa określana słynna mantra sześciosylabowa *Om mani padme hum*.
[5] Skr. „wielki siddha", czyli jogin, który drogą praktyk medytacyjnych uzyskał różnorakie władze paranormalne.
[6] Skr. „wielkie urzeczywistnienie" (tyb. *rdzogs-cz'en*). Określenie to zdaje się synonimem rezultatu medytacji mahamudry (por. przypis 20, cz. I), zwanego po sanskrycku *mahasukha* („wielka błogość").
[7] Chodzi tu o przyczepianie do ciała tekstów mantr zapewniających wyzwolenie z bar-do; ich autorem miał być Padmasambhawa.
[8] Koło o ośmiu szprychach, symbolizujące m.in. Dharmę buddyjską.
[9] Skr. „diament" albo „piorun" (tyb. *rdo-rdże*).
[10] Skr. „klejnot" (por. przyp. 41 do cz. I).
[11] Trójząb z nadzianymi nań odciętymi głowami (wrogów Dharmy lub upersonifikowanych skażeń umysłu).
[12] Skr. „lotos".

[13] Skr. „czyn", „działanie" (właśc. karman).
[14] Właśc. Gauri.
[15] Skr. *piśaczi* (tyb. *p'ra-men-ma* — „wiedźma", „czarownica") — rodzaj krwiożerczych demonów płci żeńskiej o głowach ptasich lub zwierzęcych.
[16] Por. wyżej.
[17] Jest to jakiś potwór wodny (z mitologii indyjskiej) — krokodyl, może delfin albo rekin.
[18] Półlegendarne święte kraje buddyjskie. Wedle niektórych źródeł są to: Singhala, Thogar, Li, Bal-po, Kaszmir, Zahor, Urgjan, Magadha.
[19] „Diablica".
[20] „Wielka Bogini".
[21] „Chciwość".
[22] „Dziewica".
[23] „Małżonka Indry".
[24] „Spokój".
[25] „Nektar".
[26] „Księżyc".
[27] „Pałka".
[28] Miecz niszczący Niewiedzę; wedle innych źródeł — emblemat lub proporzec ozdobiony jedwabnymi wstęgami.
[29] „Maciora".
[30] Tyb. *sna-cz'en*, określenie słonia.
[31] „Wielki Czarny", epitet Jamaradży (Pana Śmierci) oraz bodhisattwy Awalokiteśwary (w gniewnej postaci).
[32] 4 320 mln lat ziemskich („dzień Brahmy" w mitologii indyjskiej).
[33] Przeszłość, teraźniejszość, przyszłość.
[34] Pięć najcięższych przewinień to: 1) zabójstwo matki, 2) zabójstwo arhata (świętego buddyjskiego), 3) zabójstwo ojca, 4) wywoływanie rozdźwięków i podziałów we wspólnocie buddyjskiej, 5) zranienie do krwi bodhisattwy albo buddy.
[35] Tyb. Cz'u-bo gser-ldan („rzeka zawierająca złoto"). Może jest to inna nazwa rzeki kLung-gser-gji p'je-ma-czan („rzeka niosąca złoty piasek"), czyli górnego biegu Jangcy.

[36] Skr. „wszystkim na pożytek", formuła kończąca teksty buddyjskie (jej tybetański odpowiednik – *bkra-szis-szog*).

Pouczenie o samowyzwoleniu się z bar-do życia

[1] Cykl kosmiczny w mitologii indyjskiej (por. przyp. 32 do cz. II). Tutaj chodzi raczej o jedną z czterech części mniejszego cyklu (skr. *mahajuga*), zwaną *krytajuga* i utożsamianą ze „złotym wiekiem" ludzkości. (Obecnie żyjemy w czwartym, zwanym *kalijuga*).
[2] Skr. Wadżrasana, miejsce w Bodhgaja, gdzie Budda Śakjamuni dostąpił Oświecenia.
[3] W kosmografii indyjskiej (a stąd tybetańskiej) świat składa się z czterech kontynentów (skr. *dwipa*, właśc. „wyspa"), oblanych wodami Wszechoceanu. Pośrodku nich stoi wielka, święta góra Meru, *axis mundi*. Oto nazwy kontynentów, poczynając od wschodu (poprzez południe itd.): Purwawideha, Dżambudwipa, Aparagodanija, Uttarakuru. Nasz świat znajduje się na drugim z nich.
[4] Skr. *piśacza* (por. przypis 15 do cz. II).
[5] W moim oryginale tyb. *gting-ring-ba*, co znaczy „bardzo głęboki". Możliwe jednak, że jest tu błąd i że należy raczej czytać *mt'ing-ga* — „niebieski".
[6] Tym „przychodzącym" jest Jama, Pan Śmierci.
[7] Do „Trzech Ciał" buddy (por. przypis 49 do Wstępu i przypis 3 do cz. I) doktryna jogaczarów dodała jeszcze jedno — „Ciało Substancjalne" (*swabhawikakaja*), będące „podstawą dla pozostałych trzech" (E. Conze, dz. cyt., s. 52).
[8] Por. wyżej.
[9] Podczas ważnych inicjacji (a w życiu buddysty może być ich wiele) adept otrzymuje nowe imię, tajemne, którego nie wolno wyjawiać pierwszej lepszej osobie.
[10] Nie znana mi bliżej ceremonia odprawiana za zmarłych, mająca zapewne związek z „ptakiem cmentarnym" (tyb. *kang-ka*), żywiącym się trupami.
[11] Czyli inicjacje tantryczne.

[12] Gandharwowie z mitologii indyjskiej byli grajkami i śpiewakami bogów; „miasta Gandharwów" to synonim złudy, mirażu.

[13] Miejsce w płd. Indiach, znane jako siedziba bóstw.

[14] *Shorea robusta.*

[15] Jednym z dalszych tekstów „cyklu bar-do" jest również pouczenie o obserwowaniu i interpretacji oznak zapowiadających śmierć. Zamieszczam go w dodatku I.

[16] Por. *Wstęp*, s. 24 i n.

Dodatek I

[1] Por. E.M. Dargyay, *The Rise of Esoteric Buddhism in Tibet*, Delhi 1977, s. 68, 94, 98, 108.

[2] Por. angielski przekład tego tekstu, zamieszczony w tomie pt. *Tibetan Medicine Illustrated in Oral Texts*, presented and translated by the Ven. Rechung Rinpoche, Jampal Kunzang, University of California Press, Berkeley and Los Angeles 1976, s. 47–49.

[3] Lati Rinbochay and Jeffrey Hopkins, *Death, Intermediate State and Rebirth in Tibetan Buddhism*, Rider and Company, London 1979, s. 13.

[4] Tyb. *gtor-ma*, różnego kształtu figurki ofiarne z ciasta, masła, papieru itd.

[5] Tu luka w moim tekście.

[6] Chodzi prawdopodobnie o pot. W oryginale *rlangs* — „para, „wilgoć", „wyziewy".

[7] „Wiatr" (tyb. *rlung*) – jeden z trzech zasadniczych „humorów" w organiźmie, których równowaga zapewnia zdrowie. „Wiatr", oprócz funkcji oddechowych, symbolizuje także funkcje układu nerwowego. Pozostałe dwa „humory" to „flegma" (*bad-kan*) i „żółć" (*mk'ris*).

[8] Aluzja do czynności pogrzebowych w Tybecie: nieboszczyka ktoś z bliskich wynosił na plecach na miejsce kremacji lub ćwiartowania.

[9] „Krople" to sperma (u mężczyzn) i wydzielina miesięczna (u kobiet).

[10] Tyb. *bar-czʻod.* Chodzi tu o „przeszkody" zarówno fizycznej i fizjologicznej, jak i karmicznej natury (złe uczynki, „grzechy") zakłócające ogólną równowagę ustroju.

[11] Gorąco (tyb. *drod* — „ciepło", żar) — tu: ciepłota wewnętrzna organizmu, wytwarzana m.in. przez oddychanie.

[12] Sanskryckie wadżra (tyb. *rdo-rdże*) znaczy „piorun", „diament", ale również „członek męski".

[13] Jedno z buddyjskich piekieł (zwane też *dmjal-ba me-lcze*), w którym języki płomieni mają ostre zakończenia, jak tybetański dordże.

[14] Ostatnia litera alfabetu tybetańskiego, mająca wielkie znaczenie mistyczne i magiczne w tantryzmie tybetańskim.

[15] Skr. Wadżraparjanka, tyb. *rdo-rdże skjil-krung.*

[16] W moim tekście *dbjings*, co znaczy „sfera", „przestwór". Jest to jednak chyba pomyłka kopisty, oczekiwalibyśmy tu bowiem – zgodnie z kontekstem — słowa *dbjibs* („kształt", „zarys", „sylwetka", „figura").

[17] Prawdopodobnie m.in. imię bogini Umy (Parwati), małżonki Śiwy.

[18] Wywołują one m.in. poważne choroby.

[19] Demony te powodują choroby u bydła.

[20] Istotą wszechrzeczy jest „pustość" (skr. *śunjata*). Mowa jest o najbardziej zaawansowanych praktykach medytacyjnych (m.in. mahamudra).

[21] Otwór w potylicy w miejscu połączenia rdzenia z mózgiem.

[22] Chodzi o pouczenia religijne (skr. a*wawada*).

[23] Tu rozpoczyna się opis „fizjologii umierania" *sensu stricto.* Z grubsza biorąc jest on podobny do opisu przetłumaczonego przez J. Hopkinsa (por. przypis 3); jego autorem jest żyjący w XVIII w. uczony i jogin ze szkoły dGe-lugs-pa o nazwisku dbJangs-czan dga'-ba'i blo-gros. Tytuł jego traktatu — *gŻi sku-gsum-gji rnam-gżag rab-gsal sgron-me* (lampa jasno oświetlająca przedstawienie trzech podstawowych stanów, [tj. śmierci, stanu pośredniego i ponownych narodzin]). Jest on w zasadzie komentarzem do anuttarajogatantry z cyklu Guhjasamadża oraz do pewnych pism

Nagardżuny, Cong-k'a-py i Wasubandhu. Procesy psychofizjologiczne występujące podczas umierania są w tym tekście opisane pełniej i w sposób bardziej systematyczny aniżeli w naszym. Różnice szczegółowe pomiędzy oboma opisami wynikają zapewne z faktu odmienności „tradycji przekazu" (rŃing-ma i dGe-lugs). Na przykład „miraż" jako oznaka „wewnętrzna" w naszym tekście występuje w czwartym cyklu „resorpcji żywiołów" („ogień" wchłonięty zostaje przez „wiatr"), podczas gdy w tamtym — w cyklu pierwszym. Inny jest również układ osiemdziesięciu „iluzji" (*indicative conceptions* w przekładzie Hopkinsa). Dzielą się one na trzy grupy: w naszym tekście — 40 + 33 + 7, w opisie dGe-lugs — 33 + 40 + 7. „Iluzje" owe to różnorakie elementarne stany afektywne, wolicjonalne, fizjologiczne i mentalne. Poszczególnym grupom „iluzji" odpowiadają u dGe-lugs zjawy emanujące blaski: pierwszej — biały, drugiej — czerwony, trzeciej — czarny. W naszym opisie jako pierwszy pojawia się blask czerwony, i to jeszcze przed rozpoczęciem się owych osiemdziesięciu „iluzji". Mówimy (za Hopkinsem) o „cyklach resorpcji", ponieważ w trakcie dezintegracji psychofizycznej struktury umierającego człowieka całe poszczególne kompleksy tej struktury, symbolizowane przez „żywioły", wchłaniane są jeden przez drugi (kolejno: „ziemia" przez „wodę", „woda" przez „ogień", „ogień" przez „wiatr"), aby na koniec rozpłynąć się w niezróżnicowanym tchnieniu energetycznym opuszczającym ciało człowieka. Na przykład w pierwszym cyklu resorpcji podlegają: żywioł wody, zespół odczuć przyjemnych, nieprzyjemnych i obojętnych, władza intelektualna zwyczajnej świadomości (skr. *samatadżniana*, „Mądrość Zrównująca"), zmysł słuchu, w trzecim — żywioł ognia, władza rozróżniająca, mądrość analityczna, zmysł węchu itd.

24 Słowo sanskryckie oznaczające „krew"; jako termin techniczny w medycynie indo-tybetańskiej oznacza krew menstruacyjną oraz *ovula*.

25 Tyb. *mcz'ed-pa*, znaczące również „rozpłomieniać się".

[26] Tyb. *rtog-pa*, skr. *kalpana*: „wyobrażenie, akt umysłu polegający na powiązaniu z sobą czegoś nieokreślonego oraz jakiejś nazwy, jakości bądź czynności" (J.N. Roerich, *Tibetsko-russko-anglijskij słowar' s sanskritskimi parallelami*, Moskwa 1985, t. 3). W tym kontekście wolę jednak „iluzje", które to znaczenie podaje Cz'os-kji grags-pa, autor świetnego słownika tybetańsko-chińskiego (Pekin 1981, 3. wyd.). Mamy u niego *huan xiang* „iluzja, złudzenie".

[27] Tyb. *srog-rca*, jedna z najważniejszych żył łączących płód z organizmem matki, później żyła płucna.

[28] Chodzi prawdopodobnie o elementy struktury psychofizycznej nabywane w trakcie rozwoju osobniczego: pięć *samskar*, pięć rodzajów Mądrości, cztery składniki (żywioły), sześć źródeł wrażeń zmysłowych.

[29] Tyb. *ńer-t'ob*. (u Hopkinsa — *near-attainment*). Podkreślmy jednak, że słowo to znaczy również „bezpośrednie poznanie", co kojarzy się z „podstawową światłością" (dharmata, Prawda) oglądaną w chwili śmierci.

[30] Sążeń jest to długość ludzkiego ciała, skrócenie oddechu o sążeń przedstawia więc obrazowo śmierć.

[31] Tyb. *gnod-sbjin*, rodzaj złośliwych bóstw (z mitologii indyjskiej).

[32] Tyb. *spod*. W moim tekście jest jednak *spong*, chyba błędnie, bowiem lekcja ta dawałaby zdanie: „...należy odrzucić wszystko, co konieczne", itd.

Dodatek II

[1] Por. np. D. Snellgrove, H. Richardson, *Tybet. Zarys historii kultury*, przeł. St. Godziński, PIW, Warszawa 1978, s. 135.

[2] Cyt. za: E.M. Dargyay, *The Rise of Esoteric Buddhism in Tibet*, Motilal Banarsiddas, Delhi 1977, s. 86.

[3] Dz. cyt., 238–242.

[4] *Biographical Dictionary of Tibet and Tibetan Buddhism*, compiled by Khetsun Sangpo, vol. III, The Rning-ma-pa Tradition, published by Library of Tibetan Works and Archives, Headquarters of

H.H. the Dalai Lama, Dharamsala H.P., 1973, s. 523-524. (Tytuł tybetański: sNga-'gjur rŃing-ma-pa' i bla-ma brgjud-pa rdżes-'brangs-dang-bczas-pa'i rnam-thar ngo-mc'ar rgja-mc'oi stod-cz'a [cudowny ocean, czyli biografie najwcześniejszych lamów tradycji rŃing-ma oraz ich następców, część pierwsza]).

[5] Kraina na wschód od centralnej prowincji Tybetu, dbUs.

[6] Z jego biografii w wyżej wymienionym *Słowniku* (s. 441) dowiadujemy się, że żył 120 lat.

[7] Tyb. *Cz'os-bdag*, skr. Dharmapati — tytuł mistrza wykładającego nauki zawarte w Tradycji Przekazu.

[8] Chodzi tu zapewne o małżonkę ucznia naszego jogina, on sam bowiem — jak to wiemy z innych źródeł — takowej nie miał.

[9] Tyb. *grong-'dżug*, praktyka polegająca na tym, że zmarły jogin tchnie swojego ducha w dowolnie wybranego trupa, aby kontynuować życie w innej postaci cielesnej (albo swojej poprzedniej). Ma ona związek ze wspomnianą już wielokrotnie praktyką *'p'o-ba*) „przenoszenie" albo „wyrzucanie świadomości").

[10] A więc szkół rŃing-ma („stara"), bKa'-gdams i bKa'-rgjud oraz tantrycznych.

W serii BUDDYZM ukazały się:

Nauka Buddy. Wybór sutr

Jonathan Landaw, *Książę Siddhartha*

Sangharakszita, *Wprowadzenie do buddyzmu*

Sangharakszita, *Kim jest Budda?*

Sangharakszita, *Czym jest Dharma?*

Sangharakszita, *Czym jest Sangha?*

Paul Williams, *Buddyzm mahajana*

John Powers
Wprowadzenie do buddyzmu tybetańskiego

Opowieść o życiu Milarepy

Tybetańska Księga Umarłych

Lati Rinpocze, Jeffrey Hopkins, *Śmierć, stan pośredni i odrodzenie w buddyzmie tybetańskim*

Tulku Urgjen Rinpocze, *Powtarzając słowa Buddy*

Gendyn Rinpocze, *Mahamudra*

Czogjal Namkhai Norbu
Dzogczen, stan doskonałości samej w sobie

Czogjal Namkhai Norbu, *Kryształ i ścieżka światła*

Czogjal Namkhai Norbu
Joga snu i praktyka naturalnego światła

Czogjal Namkhai Norbu
Narodziny, życie i śmierć według medycyny tybetańskiej i nauk dzogczen

Dzogczen Ponlop Rinpocze
Wyzwalająca inwokacja Samantabhadry

Dzogczen Ponlop Rinpocze, *Umysł poza śmiercią*

James Low, *Być tu i teraz*

Tsultrim Allione, *Kobiety mądrości*

Dalaj Lama XIV, *Sens życia z buddyjskiej perspektywy*

Dalaj Lama XIV, *Dobroć, mądrość i wgląd*

Alexander Berzin, *Inicjacja Kalaczakry*

Ngakpa Czogjam, Khandro Rinpocze
Spektrum ekstazy

Wiesław Kurpiewski
Filozofia pradżniaparamita. Droga bodhisattwy

Jolanta Gablankowska-Kukucz, *Pustka innego*

Garma C. C. Chang
Buddyjska nauka o wszechcałości

Zenkei Shibayama, *Milczenie kwiatu — eseje zen*

Daisetz Teitaro Suzuki, *Przestrzeń zen*

Dogen Kigen, *Zasady uprawiania zalecanej wszystkim siedzącej medytacji*

Michael Hahn
Podręcznik do nauki klasycznego języka tybetańskiego

Zbigniew Zagajewski
Praktyczny przewodnik po buddyzmie